L'APPROVISIONNEMENT EN SOIE

LA SOIE GRÈGE DU JAPON

THÈSE

PRÉSENTÉE

A LA FACULTÉ DE DROIT DE L'UNIVERSITÉ DE BERNE

POUR L'OBTENTION DU

GRADE DE DOCTEUR ÈS SCIENCES ÉCONOMIQUES ET POLITIQUES

PAR

HENRI STAMM

lic. rer. pol.

WEINFELDEN

IMPRIMERIE-LIBRAIRIE NEUENSCHWANDER S. A.

1922

L'APPROVISIONNEMENT EN SOIE

LA SOIE GRÈGE DU JAPON

THÈSE

PRÉSENTÉE

A LA FACULTÉ DE DROIT DE L'UNIVERSITÉ DE BERNE

POUR L'OBTENTION DU

GRADE DE DOCTEUR ÈS SCIENCES ÉCONOMIQUES ET POLITIQUES

PAR

HENRI STAMM

lic. rer. pol.

WEINFELDEN
IMPRIMERIE-LIBRAIRIE NEUENSCHWANDER S. A.
1922

TABLE DES MATIÈRES

Pages

BIBLIOGRAPHIE 6

INTRODUCTION 11

PREMIÈRE PARTIE. **LES DÉBOUCHÉS DE LA SOIE JAPONAISE.**

I. La demande européenne (1859 – 1869). L'active demande européenne fait monter les prix de la soie. La réaction de la sériciculture
japonaise 14

II. La période de réajustement (1869 – 1885). La diminution de la
demande pour les soie. Conséquences de la baisse des soies pour la
sériciculture japonaise. 1° Efforts pour améliorer la qualité. — 2° Transformation de l'industrie des soieries, qui élargit les débouchés de la
soie japonaise 16

III. La période américaine (1885 à nos jours).

    A) Le développement moderne de l'industrie des soies.
    L'industrie américaine 20
    B) L'approvisionnement en soie grège. La qualité des soies
    offertes. La quantité des soies offertes. Réaction de la demande
    sur les prix 23

DEUXIÈME PARTIE. **L'INDUSTRIE SOYEUSE DU JAPON** . . . 30

Chap. I. LE MILIEU ÉCONOMIQUE ET SOCIAL.

I. Les étapes de l'industrialisation du Japon. Le contact avec l'Occident rend nécessaire une réadaptation des forces productrices. La réforme agraire préside à la formation d'un prolétariat et d'une bourgeoisie. La transformation capitaliste du Japon est hâtée: 1° par
l'intervention de l'Etat dans l'économie privée. 2° par la baisse du
change japonais. Les 3 étapes de l'industrialisation du Japon . . 31

II. L'Orientation de la production. Faible étendue du terrain cultivable.
La situation du fermier japonais. La situation des paysans propriétaires.
Raisons de la prolétarisation de la classe paysanne. Le caractère de
l'agriculture japonaise. Le caractère de la production industrielle . . 36

Chap. II. LA PRODUCTION.

§ 1. La sériciculture.

I. La situation générale de la sériciculture.   Pages

  A) Le climat. La température et l'humidité atmosphériques. Les précipitations atmosphériques   45

  B) La situation économique de la sériciculture. Le développement de la sériciculture. Le « standort » de la sériciculture. Les conditions de l'extension de la sériciculture   49

II. Le rapport de la sériciculture.

  A) L'augmentation des frais de la production. La feuille de mûrier. La main-d'œuvre. Les frais généraux   56

  B) Les améliorations techniques: le grainage. La quantité. La qualité   60

  C) Le bilan du sériciculteur   65

III. La culture du mûrier. Importance de la culture du mûrier au Japon. Le rapport comparatif du mûrier. Les méthodes de culture. L'intensification de la culture. Conséquences de l'intensification de la culture. Le coût de production du mûrier. L'avenir de la culture du mûrier   67

§ 2. La filature.

I. La situation générale de la filature. La technique de la filature. La transformation de la filature au Japon. Raisons du développement de l'industrie de la filature. La concentration dans l'industrie de la filature   75

II. L'économie de la filature.

  A) La gestion commerciale   82

  B) Les frais de transformation. 1° Les frais généraux. 2° La main-d'œuvre. La situation matérielle des ouvrières. Les salaires. L'efficience de la main-d'œuvre   84

  C) Le bilan du filateur   91

§ 3. La protection dans l'industrie soyeuse   . . .   92

I. L'organisation des intéressés.

  A) Les Associations professionnelles. Associations locales. Associations nationales   93

  B) Les Associations financières   95

II. Principales mesures en faveur de l'industrie de la soie. Mécanisme de l'action gouvernementale. Les encouragements à l'industrie. Recherches et enseignement. Surveillance du grainage. Aides au commerce des soies. Les raisons du succès de l'Etat   95

Chap. III. L'ORGANISATION DE LA VENTE.

I. Les avantages du Japon dans le commerce international. L'organisation du commerce. L'organisation du transport   99

II. Les côtés désavantageux des affaires en soie du Japon. Incertitude sur la qualité. Incertitude sur les prix   101

TROISIÈME PARTIE.   Pages

L'AVENIR DE L'INDUSTRIE DE LA SOIE AU JAPON   105

Chap. I. LES DÉBOUCHÉS FUTURS DE LA SOIE JAPONAISE.

I. La demande pour la soie 106

II. Les concurrents du Japon 106

    A) La production européenne. L'industrie soyeuse européenne
souffre du déplacement de l'avantage comparatif vers les industries
à fort capital fixe 107

    B) La production de la Chine. La situation économique générale.
La situation de la sériciculture. La situation de la filature. Les
aides à l'industrie de la soie 110

    C) Les autres pays producteurs 116

III. Conclusion du chapitre I 117

Chap. II. LA SITUATION ÉCONOMIQUE SPÉCIALE DE L'INDUSTRIE SOYEUSE DU JAPON.

L'inélasticité de l'offre de la soie va en diminuant Théorie du commerce international L'avantage comparatif de la soie au Japon lui
assure à la longue une rémunération satisfaisante L'industrie
soyeuse n'est pas près de perdre son avantage comparatif au Japon   118

Conclusion 128

BIBLIOGRAPHIE.

NB. Les ouvrages suivants, ainsi que les autres ouvrages d'ordre plus général, nécessaires pour ce travail, ont été consultés dans les bibliothêques et collections privées suivantes:

Widener Library (Harvard University), à Cambridge (Mass.),
Boston Public Library, à Boston,
New-York Public Library, à New-York,
Library ot the Columbia University, à New-York,
Coll. de la « American Silk Association », à New-York,
Coll. de la « United States Testing Co Inc. », à New-York,
Library of Congress, à Washington D. C.,
Zentralbibliothek, à Zürich,
Coll. de l'Observatoire de Zürich,
Landesbibliothek, à Berne,
Coll. de la Légation du Japon, à Berne,
Biblioteca di Brera, à Milan,
Biblioteca della Regia Scuola di Agricoltura, à Milan,
Coll. de la « Camera di Commercio », à Milan,
Coll. de l'« Associazione Serica », à Milan,
Coll. de la « Soc. An. Coop. per la Stagionatura e l'Assaggio delle Sete ed Affini », à Milan.

Ouvrages généraux sur la soie.

Beauquis, A. Histoire économique de la Soie. Paris 1910.

Bolle, Johann. Allevamento razionale del Baco da Seta. Gorizia 1913.
— Die Bedingungen für das Gedeihen der Seidenzucht und deren volkswirtschaftliche Bedeutung. Berlin 1916.

Clugnet, Léon. Géographie de la Soie. Lyon 1877.

Colombo, Guido. Sunto delle Lezioni di Meroeologia e Tecnologia dei Bozzoli e delle Sete, tenute del Prof. ——,——. (Laboratorio di Studi ed Esperienze sulla Seta in Milano.) Milano 1917.

Dusegneur-Kleber. Le Cocon de Soie. Paris 1875.

Duran, Leo. Raw Silk. New-York 1913.

Essays on Raw Silk. American Silk Association. New-York 1914.

Instructions for rearing Mulberry Silkworms. Agricultural Research Institute of Pusa. Calcutta 1916.

Maillot et Lambert. Traité sur le Ver à Soie du Mûrier. Montpellier 1906.
Pasteur, Louis. Études sur la Maladie des Vers à Soie. Paris 1870.
Provasi, A. Filatura e Torcitura della Seta. Milano 1905.
Rawlley, Ratan, C. The Silk Industry and Trade. London 1918.
  — Economics of the Silk Industry. London 1919.
Rayner, Hollins. Silk Throwing and Waste Silk Spinning. London 1903.
Rondot, Natalis. L'Art de la Soie. 2 vol. Paris 1885 et 1887.
Rosenzweig, Adolf. Serivalor. New-York 1917.
Silbermann, Henri. Die Seide. 2 vol. Dresden 1897.
Vieil, Pierre. Sériciculture. Paris 1920.

Baccioni, G. B. Seta Artificiale. Milano 1906.
Becker, Franz. Die Kunstseide. Halle 1912.
Renouard, Alfred. La soie artificielle. Bulletin de l'Union des Anciens
  Elèves des Ecoles de Commerce. T. VII, No 144 Paris 1905.

Ouvrages généraux sur le Japon.

Bank of Japan. The recent economic development of Japan. Tokyo 1915.
Bellessort, André. La Société Japonaise. Paris 1904.
Buetz, G. Die wirtschaftliche Lage Japans. „Nord und Süd". Nov. 1918.
  Berlin.
Central Metereological Bureau. Bulletin of the ——,——, of Japan N° 5.
  Tokyo 1910.
  — Results of the Metereological Observations made in Japan for each
  Period of 5 Years since 1876 ending 1909. Tokyo 1911.
Dautremer, J. L'Empire Japonais et sa Vie Economique. Paris 1919.
General View of Commerce and Industry in the Empire of Japan. Tokyo
  1897.
Globe Encyclopcdia Co, (the). Present Day Impressions of Japan. Lon-
  don, Chicago & Yokohama 1919.
Hattori, Yukimasa. The foreign commerce of Japan since the Restau-
  ration (1869—1900). Baltimore 1904.
Heber, E. A. Japanische Industriearbeit. Jena 1912.
Hirai, Masao. Ueber die landwirtschaftlichen Verhältnisse Japans. (?)
Japan as it is., By H. I. M's Commissioner. San Francisco Exposition.
  Tokyo 1915.
Japan in the Beginning of the XXth Century. Louisiana Purchase Expo-
  sition. Tokyo 1904.
Kambe, Masao. Der Russisch-Japanische Krieg und die Japanische Volks-
  wirtschaft. Leipzig 1906.
  — Die Entwickelung der japanischen Volkswirtschaft in der Gegen-
  wart. Leipzig 1914.
King, F. H. Farmers of forty Centuries. Madison (Wisc.) 1911.
Kinosita, Yetaro. The Past and Present of Japanese Commerce. New-
  York 1902.
Liebscher, Georg. Japans landwirtschaftliche und allgemeinwirtschaftliche
  Verhältnisse. Jena 1882.

Mazeliere (de la), Ant. Le Japon. T. IV, V, VI. Paris 1912.
Mc Govern. Modern Japan. London 1920.
Nolke, H. Das Haus Mitsui. Hamburg 1908.
Okuma (Count). Fifty Years of New-Japan. 2 vol.
— The Industrial Revolution in Japan. « North American Review »
    Nov. 1900. New-York.
Ono, Yeijiro. The Industrial Transition in Japan. Baltimore 1890.
Porter, R. P. Japan, the new World Power. London 1915.
Rathgen, Karl. Japans Volkswirtschaft und Staatshaushalt. Leipzig 1891.
Rein, J. J. The Industries of Japan. New-York 1889.
Semple, Ellen, C. Influence of geographical conditions upon Japanese
    Agriculture. « The Geographical Journal » Dec. 1912. London.
Takaki, Masayoshi. The History of Japanese Paper Currency (1868 to
    1890). Baltimore 1903.
Tateish, Sajiro. Japans internationale Handelsbeziehungen. Halle 1902.
Times (the). Imperial and Foreign Trade Supplement. Special Japanese
    Industrial Section. London, April 1921.
Ulrich, Leo. Der Wirtschaftskrieg. III Abt. Japan. Jena 1917.
Waentig, H. Die japanische Statistik als wissenschaftliches Quellenmaterial.
    „Jahrbücher für Nationalökonomie und Statistik". Bd. 48. Jena 1914.
Wernicke, Johann. Japan und die Silberentwertung. Ibid. III. Folge,
    XI Bd. Jena 1896.
Wilenkin, Gregory. The political and economic organisation of modern
    Japan. Tokyo 1908.

Ouvrages spéciaux sur la soie au Japon.

Adams, F. O. Report by Mr. Adams on the Central Silk Districts of
    Japan. London 1870.
Bavier, Ernest de. La Sériciculture au Japon. Lyon 1874.
Bolle, Johann. Der Seidenbau in Japan. Wien 1898.
Honda, I. Silk Industry of Japan. Tokyo 1909.
Imperial Japanese Silk Conditionning House (the). Annual Report. Yoko-
    hama 1920.
Imperial Sericultural Institute (the). A general Report of Sericultural
    Investigations. Tokyo 1920.
Outlines of the Raw Silk Industry of Japon. Tokyo 1922. (The National
    Association of Raw Silk Industrials of Japan).
Pringle, O. The Significance of the Japanese Raw Silk Export « Economic
    Review ». July 1911. London.
Ritter, Paul. Die japanische Seidenzucht. (Spezialbericht des schweize-
    rischen Vizekonsuls in Yokohama). Bern 1894.
Sericultural Industry in Japan. (Sericultural Association of Japan). Tokyo
    1910.
Spoerry, Hans. Japans Production, Konsum und Export von Seide und
    Seidenstoffen. Zürich 1897.

Ouvrages spéciaux sur la soie et sur l'industrie des soieries dans divers pays.

Seitz, A. Die Seidenzucht in Deutschland. Stuttgart 1918.

Francke, O. Keng Tschi Tc'u. Ackerbau und Seidengewinnung in China.

Antonelli, Etienne. Les Primes à la Filature de la Soie en France. « Revue Économique Internationale ». Mars 1910.
Bouzanquet, G. La Protection dans l'Industrie de la Soie. Montpellier 1906.
Got, Jacques. Etude sur la Filature de la Soie. Paris 1911.
Lacombe, E. Le Régime Économique de la Sériciculture. Paris 1904.
Lavison (de), A. La protection par les Primes. Paris 1900.
Payen, Joseph. La Sériciculture et la Filature de la Soie. Lyon 1910.
Teissier du Cros, Ch. La Production de la Soie dans les Cévennes. Paris 1903.

Lefroy, Maxwell, H. & Ansorge, E. C. Report on an Inquiry into the Silk Industry of India. 3 vol. Calcutta 1917.
Mukerji, Nitya; Gopal. Handbook of Sericulture. Calcutta 1899.
Wardle, Thomas. Kashmir, Its new Industry. London 1904.

Atti della Commissione d'Inchiesta per le Industrie Bacologica e Serica. Ministero di Agricoltura e Commercio. 5 vol. Roma 1911.
Cabiati, Attilio. La Crisi nell' Industria Serica. « Riforma Sociale » vol. XXI. Torino 1910.
Lanino, Pietro. La Nuova Italia Industriale. vol. II. Roma 1916.
Pinchetti, Pietro. La Industria Serica in Italia e la Concorrenza Asiatica. Como 1906.
Sericulture in Italy, Japan and China. American Silk Association. New-York 1905.

Ducousso, G. L'Industrie de la Soie en Syrie et au Liban. Beyrouth 1913.

Pariset, E. Histoire de la Fabrique Lyonnaise. Lyon 1901.
Rondot, Natalis. L'Industrie de la Soie en France. Lyon 1894.

Tombesi, Ugo. L'Evoluzione di un' Industria Italiana. (La Tessitura Serica à Como.) Pesaro 1899.

Chittick, James. Silk Manufacturing and its Problems. New-York 1913.

Mason, Franck, R. The American Silk Industry and the Tariff. Cambridge (Mass.) 1910.

Rules and Regulations to govern Transactions in the Silk Trade of the United States. American Silk Association. New-York 1915. (?).

Silk and Manufactures of Silk. Tariff Information Series Nr. 3 Washington D. C. 1918.

Taussig, F. W. Some Aspects of the Tariff Question. Cambridge (Mass.) 1918.

Wyckoff, William, C. The Silk Goods of America. New-York 1880.

— Silk Manufacture in the United States. New-York 1883.

— American Silk Manufacture. New-York 1887.

Publications périodiques.

1° Sur le Japon.

Annuaire Financier et Economique du Japon. (Ou bien: Financial and Economic Annual oi Japan). Tokyo.

Annual Report of the Departement of Agriculture and Commerce. Tokyo.

Japan Yearbook. Tokyo.

Résumé Statistique de l'Empire du Japon. Tokyo.

2° Sur la soie.

American Silk Journal. New-York.

Bollettino di Sericoltura. Milano.

Bulletin Séricicole du Japon. (Continué depuis 1921 sous le nom de: Report of the Sericultural Association of Japan). Tokyo.

Bulletin des Soies et des Soieries. Lyon.

Informazioni Seriche. Roma.

Silk. New-York.

INTRODUCTION.

Le Japon est aujourd'hui le principal pays producteur de soie, fournissant à lui seul plus de la moitié de toutes les grèges consommées par les fabricants européens et américains. Sa production était estimée à 23.849.000 kilos en 1919, année de record en laquelle il a exporté 17.200.000 kilos à l'état grège, d'une valeur de 623 millions de yen, ainsi que pour 203 millions de yen d'articles manufacturés. L'industrie de la soie est d'ailleurs la grande industrie nationale japonaise, et deux millions de ménages, c'est-à-dire plus du tiers de la population agricole, pratiquent l'élevage des vers à soie dont les cocons sont ensuite filés par plus de 500.000 ouvrières.

Le développement de l'industrie est cependant tout récent, et remonte seulement à l'ouverture du Japon au commerce international en 1859. La sériciculture, il est vrai, était déjà répandue dans le pays depuis le début de notre ère, mais les longues guerres civiles qui ravagèrent le pays, ainsi que les sévères lois somptuaires des shoguns de Yeddo, en avaient compromis plus d'une fois la vitalité, et elle ne fournissait plus qu'un million de kilogrammes de soie environ à la petite industrie nationale des tissus.

L'essor de l'industrie soyeuse depuis le début de la nouvelle ère japonaise, qui a permis à la production de doubler à chaque décade suivante depuis 1880, paraît d'autant plus remarquable si on le compare au développement de la production dans les autres pays. Ceux-ci n'ont pu réaliser que des progrès beaucoup moins considérables, et l'importance relative du Japon n'a cessé d'augmenter régulièrement, passant de 14,4 % de la production mondiale [1]) dans la période 1881—1885, à 57,3 % dans la période 1915—1919:

---

[1]) L'on entend par production mondiale la quantité de soies disponibles pour les marchés d'Europe et d'Amérique, et les totaux ne comprennent, pour les pays d'Extrême-Orient, Japon, Chine et Indes, que les quantités de soies e x p o r t é e s par ces pays.

Moyenne annuelle dans les périodes	Production mondiale en 1.000 kgs. [1]	Exportations du Japon en 1.000 kgs. [2]	Production des concurrents du Japon (différence de [1] et [2])	Part du Japon dans la production totale: (% [2] de [1])
1881—85	9.438	1.360	8.078	14,4 %
1886—90	11.600	2.055	9.545	18,6 »
1891—95	15.295	3.006	12.289	19,7 »
1896—00	17.053	3.459	13.594	20,2 »
1901—05	19.092	4.865	14.227	25,4 »
1906—10	23.212	7.448	15.908	32,1 »
1910—14	25.114	10.156	14.156	40,4 »
1915—19	25.701	14.738	10.963	57,3 »

Du tableau précédent il appert même que la production des concurrents du Japon est restée à peu près stationnaire depuis une vingtaine d'années. Cet arrêt, cette régression même, de la production ne sont pas dûs à un phénomène isolé, mais ils affectent tous les principaux pays fournisseurs ainsi que le montrent les statistiques suivantes:

Production de la soie en 1.000 kgs.

Moyenne annuelle dans les périodes	Europe	Levant et Asie Centrale	Chine; exportations de	
			Shanghai	Canton
1896—1900	5.220	1.552	4.508	2.021
1901—1905	5.312	2.304	4.227	2.128
1906—1910	5.459	2.836	4.887	2.304
1910—1914	4.619	2.419	5.495	2.059
1915—1919	3.157	1.040	5.092	2.315

Toute l'attention des fabricants s'est donc reportée sur le Japon, qui seul a rendu possible le développement récent de l'industrie des soieries, et les questions suivantes se sont souvent posées: Quelles sont les raisons de la situation privilégiée du Japon? Les circonstances qui ont favorisé jusqu'ici le développement de son industrie sont-elles de nature permanente, et verrons-nous encore la production augmenter au Japon? Le problème n'a cependant jamais été étudié dans son ensemble, mais les monographies dont l'industrie soyeuse japonaise a déjà été l'objet, sont la plupart d'ordre tout à fait général: historiques, descriptives ou purement techniques, et les renseignements les plus exacts sont encore dispersés dans les diverses revues spéciales du commerce soyeux.

Aussi, nous nous proposons d'en chercher les solutions dans notre travail, en traçant un tableau d'ensemble de la situation économique de l'industrie, et nous nous attacherons surtout à rechercher, dans la complexité des phénomènes, l'enchaînement causal des faits, réduisant au minimum les descriptions de détails, que le lecteur pourra trouver dans les ouvrages auxquels nous renverrons chemin faisant. Il nous a paru d'un intérêt tout particulier d'approfondir la question centrale du problème de l'approvisionnement en matière première de l'une des grandes industries de la société occidentale, au moment même où la crise mondiale actuelle a pris naissance au Japon, et précisément dans son industrie soyeuse, attirant sur elle l'attention du monde économique.

Deux raisons, principalement, déterminent l'importance que prend la production d'une marchandise dans un pays: l'intensité de la demande, — et le r a p p o r t c o m p a r a t i f de l'industrie productrice, c'est-à-dire le plus ou moins bon rendement économique de l'industrie considérée, s i o n l e c o m p a r e à c e l u i d e s a u t r e s i n d u s t r i e s d u p a y s. Nous étudierons donc, dans les deux premières parties de notre thèse, les débouchés de la soie japonaise et la situation économique de l'industrie soyeuse au Japon. Dans une 3ᵐᵉ partie enfin, nous essaierons de jeter quelque lumière sur l'avenir de la production du Japon et de ses principaux concurrents.

Notre étude se divisera ainsi en 3 parties:

Les Débouchés de la Soie Japonaise.
L'Industrie Soyeuse du Japon.
L'Avenir de l'Industrie de la Soie au Japon.

PREMIÈRE PARTIE.

Les débouchés de la soie japonaise.

L'existence de bons débouchés étant la condition fondamentale de la production d'une marchandise, nous nous proposons d'étudier dans ce chapitre l'histoire de la demande pour la soie du Japon, depuis l'entrée de ce pays dans l'économie mondiale.

Nous divisons cette histoire en 3 périodes: la période de la demande européenne (1859—1869), la période de réajustement (1869—1885) et la période de la demande américaine (1885 à nos jours).

I. La demande européenne (1859—1869).

La soie, qui était produite en petite quantité au Japon pour la consommation nationale, ne tarda pas à être très activement recherchée par les commerçants étrangers dès que le pays fut ouvert au commerce international.

La mode réclamait en effet de grandes quantités de grèges, alors que justement la production séricicole européenne se trouvait réduite dans de notables proportions par une terrible maladie des vers à soie, la pébrine, qui ravagea les éducations à partir de 1856, et que d'autre part les exportations de Chine se ralentissaient, par suite des désordres intérieurs du pays qui entravaient les échanges commerciaux. Il se produisit une véritable disette des soies qui eut pour conséquence de faire doubler leurs prix sur le marché de Lyon, de 1863 à 1868, et de pousser les fabricants à chercher d'autres sources d'approvisionnement, les contraignant même à accepter de la marchandise de qualité inférieure, telle que le Japon pouvait en fournir.

En quelques années, les prix de la soie augmentèrent considérablement sur le marché japonais: d'après de Bavier[1] le picul de soie de 60 kgs. qui valait 150 yen en 1858, monta, à 472 yen en 1862, pour atteindre en 1868 le prix de 960 yen, et Rein nous apprend qu'en plusieurs provinces les prix atteignirent dix

---

[1] « La Sériciculture au Japon » p. 68.

et quinze fois leur valeur initiale [1]). D'autres raisons s'ajoutaient en effet à la demande européenne pour faire monter les cotes: le réajustement au marché mondial de l'échelle des valeurs, jusqu'-alors établie indépendamment de toute influence extérieure, et la dépréciation soudaine des 2/3 de la monnaie d'argent japonaise par suite de l'adoption d'un nouveau taux d'échange entre les métaux précieux [2]).

Un autre produit de la sériciculture japonaise jouit également d'une demande intense: la «graine» des vers à soie, c'est-à-dire leur semence destinée à la reproduction. La graine européenne, infectée le plus souvent par les germes de la pébrine, ne pouvait produire que des vers faibles ou maladifs; aussi les commerçants graineurs allèrent-ils jusqu'en Extrême-Orient s'approvisionner de graine non contaminée. Les premiers essais, tentés en 1860 avec de la graine d'espèces japonaises à cocons verts, s'étant montrés satisfaisants, la demande pour le produit japonais prit bientôt de vastes proportions [3]).

La sériciculture japonaise n'était cependant pas prête à répondre à cette demande soudaine pour ses produits. L'extension de la culture du mûrier, sur laquelle repose l'élevage du ver à soie, est une question de plusieurs années, et d'autre part le paysan japonais, encore soumis au régime féodal, était peu préparé à un changement brusque dans la routine de ses occupations. Dans les grands centres séricicoles, seulement, comme dans le Sinshiu, les éleveurs plantèrent de nouveaux mûriers et intensifièrent leurs éducations. La préparation de la graine, beaucoup plus profitable que la filature de la soie retint surtout l'attention des sériciculteurs, tandis que la production de la soie ne fit que peu de progrès. Les éleveurs laissèrent les papillons percer leurs cocons et déposer leurs œufs sur de petits cartons destinés à l'exportation, et l'on estime que, de 1864 à 1880, l'Europe a

La réaction de la sériciculture japonaise.

---

[1]) J. R e i n. «The Industries of Japan» p. 381.

[2]) L'or et l'argent circulaient jusqu'alors concurremment dans le pays, dans le rapport d'échange de 1 à 5. Or, en 1859 la valeur relative des métaux précieux était d'environ 1 à 15 sur les marchés mondiaux. L'acceptation de ce nouveau rapport par le Japon eut pour résultat la disparition de l'or et la dépréciation de l'argent, seul désormais en circulation, déprécation reflétée dans les marchandises du commerce international par une avance rapide de leurs prix.

[3]) L'exportation de la graine, défendue sous peine de mort, dut être clandestine pendant les premières années.

acheté pour 365 millions de francs de graine japonaise, soit environ 21.500.000 cartons de 25 grammes [1]).

La hausse des prix de la soie eut pour résultat principal de mettre cet article hors de la portée de beaucoup de consommateurs japonais, qui donnèrent la préférence aux nouvelles étoffes de coton et de laine importées d'Angleterre. Environ les 40 % de la production furent ainsi libérés pour l'exportation, et les stocks accumulés de longue date affluèrent vers le port de Yokohama.

La tentation était très forte pour les éducateurs d'augmenter leur production au détriment de la qualité. Ils n'y résistèrent pas, et, abandonnant les saines méthodes d'antan, en particulier négligeant les règles nécessaires d'un bon espacement, ils entassèrent les vers dans leurs maisons. Bientôt les races japonaises s'affaiblirent à leur tour et furent frappées par la dégénération. Les rendements des cartons de graine tombent de 40—45 kgs. à 20 et 25 kgs. de cocons frais, la qualité de la soie baisse, et les pratiques de commerçants peu scrupuleux, qui cherchent à augmenter frauduleusement les quantités vendues, viennent compromettre encore plus le bon renom des produits japonais. La demande active fait place à la défiance, et les qualités japonaises sont abandonnées quand, à partir de 1869, diminue la consommation de la soie en Europe. Le tableau suivant des exportations de la soie du Japon illustre clairement le mouvement ascentionnel d'abord, puis descendant de ces exportations.

Moyennes annuelles des exportations
en 1000 kin de 600 gr. [2]):

1859—61	737	1865—77	1.009
1862—64	1.549	1868—70	844

II. La période de réajustement (1869—1885).

Les étoffes de soie étaient encore en Europe, au milieu du siècle dernier, un article de luxe réservé à la consommation des classes les plus aisées de la société. Leur prix en effet était

---

[1]) Cf. Natalis Rondot. « L'art de la soie » vol. II p. 291.

[2]) Calculées d'après les statistiques officielles des exportations de soie reproduites dans « Japan in the Beginning of the XXth Century ».

très élevé, tant à cause de la cherté de la matière première que de la façon, car les soieries, richement ornementées, étaient tissées à la main par des artisans de grand talent. Pendant long-temps les consommateurs refusèrent de restreindre leur demande quand vint à manquer la précieuse matière première, et ils con-sentirent des prix de plus en plus élevés pour les belles étoffes. Les fabricants furent obligés de recourir à de véritables expédients pour remédier au manque de soie et pour économiser la ma-tière première en un temps où la mode de la crinoline exigeait de très forts métrages d'étoffe. Dans une mesure toujours plus forte ils employèrent un procédé chimique connu depuis long-temps, la charge en teinture, qui permet d'ajouter à la soie jusqu'à 15 fois son poids de sels métalliques.

Mais l'abus de la charge eut pour résultat de diminuer la qualité des étoffes, qui se détériorèrent rapidement et perdirent leurs nuances. Brusquement se produisit une réaction en 1869: la mode fit volte face, abandonnant la soie pour les lainages; l'in-dustrie fut plongée dans une crise intense et les cours de la soie s'effondrèrent.

La mode est capricieuse, et les fabricants escomptaient un prompt retour de la vogue pour leurs étoffes. Espoir déçu! Les consommateurs boudent à la soie, et, pendant de longues années, l'offre dépasse les besoins de la consommation et les cours de la soie grège doivent s'abaisser.

Prix moyen de la soie italienne Ier ordre 10/12 sur le marché de Lyon, en francs [1]:

1868	. . . .	118	1878—80	69
1869—71	. .	100	1881—83 . . .	62
1872—74	. .	94	1884—83	55
1875—77	. .	80	1885	53

Cette baisse du prix de la soie ne peut être attribuée en au-cune façon à une augmentation trop forte des quantités de soies produites, puisque bien au contraire le chiffre moyen de la pro-duction mondiale, qui avait été de 9.546.000 kgs. annuellement dans la période 1871—75, s'abaisse à 8.854.000 kgs. dans la pé-riode suivante 1876—80, pour ne remonter qu'à 9.438.000 kgs., de

---

[1] Calculé d'après les graphiques publiés par la Maison « Chabrières Morel & Cie. » de Lyon.

1881 à 1885. C'est bien la demande qui s'affaiblit, et la défaveur prolongée des étoffes de soie s'explique par la situation économique et sociale de cette époque, pendant laquelle se réduisent sensiblement les revenus de la clientèle des objets de luxe: des classes aristocratiques et bourgeoises. La cour de France qui lançait la mode disparaît en 1870, les conséquences de la guerre franco-allemande se font sentir pendant longtemps, et la dépression économique, commencée en 1871 se prolonge, amenant une baisse générale des prix, reflétée par les nombres d'indice de Sauerbeck: de 110 en 1873, l'indice général tombe à 71 en 1885, et les classes sociales à revenus variables — les gros propriétaires fonciers, les commerçants et les industriels —, sont le plus frappées par la baisse.

La baisse du prix de la soie fut cependant moins sensible sur les marchés de l'Extrême-Orient qu'en Europe. La diminution de la valeur du métal argent à partir de 1871, qui se montait déjà à 20 % en 1885[1]), en entraînant avec elle la baisse du change de la Chine et du Japon, agit en effet comme un véritable frein pour ralentir la baisse de la soie sur les marchés de ces pays, et dans le même sens agissait aussi la réduction des prix de transport maritime, consécutive au percement du canal de Suez et au développement de la marine marchande. Alors qu'en Europe la soie italienne s'était abaissée, entre 1868 et 1885, de 118 frs. à 53 frs. le kilogramme, c'est-à-dire de 55 %, le prix moyen de la soie au Japon s'abaissa seulement de 760 à 500 yen le picul pendant la même période, soit de 34 %.

La moindre demande pour les soies et la baisse des prix ont eu des conséquences intéressantes pour la sériciculture japonaise, dont les plus importantes devaient se manifester surtout dans la période suivante.

La hausse des prix de la soie et la recherche de la graine avaient fait de la sériciculture l'une des occupations les plus lucratives du Japon, et la baisse consécutive, quoique se produisant dans un temps où se relevaient de façon générale les prix au Japon, n'eut pas pour effet de détourner les paysans de l'élevage du ver à soie. La diminution de la demande pour la graine japonaise en Europe, où l'adoption des systèmes scientifiques préconisés par Pasteur permettait de nouveau d'obtenir de la semence

---

1) Le nombre d'indice de Sauerbeck pour l'argent passe de 100, en 1871, à 80 en 1885.

de bonne qualité, eut plutôt pour résultat heureux de faire revenir la sériciculture japonaise à des méthodes plus rationnelles. Le gouvernement japonais, sollicité par les commerçants étrangers d'intervenir dans l'industrie pour améliorer la qualité des produits soyeux, n'épargna aucun effort pour satisfaire les vœux de la clientèle et pour élargir les débouchés du pays. Dans son désir de moderniser l'industrie, il émit tout une réglementation minutieuse à observer par les graineurs, les éleveurs et les filateurs, et il ouvrit même en 1872 une filature modèle de 300 bassines, pour donner l'exemple des meilleures méthodes du filage de la soie.

L'agriculture japonaise commence à se transformer peu à peu, et les quantités de soie produites augmentent lentement ainsi que le chiffre des exportations:

Moyennes annuelles des exportations de la soie en 1000 kin:

1871—73	. .	1.140	1880—82 . .	2.048
1874—76	. .	1.338	1882—85 . .	2.555
1877—79	. .	1.704		

Dans l'ensemble, malgré la baisse des prix, l'industrie soyeuse japonaise est plus forte en 1885 qu'en 1870: La situation ne s'est pas seulement consolidée intérieurement; elle s'est aussi affermie vis-à-vis de la concurrence européenne, qui a dû subir tout le poids de la baisse. Quand l'industrie des soieries qui s'est, elle aussi, transformée, vient réclamer des quantités de soie toujours plus fortes, le Japon, mieux que ses rivaux sera en mesure de répondre à la demande.

La cherté des étoffes de soie était l'un des obstacles principaux au retour de la mode et à l'élargissement de la consommation. Dès lors, c'est à rendre la soie accessible à une plus vaste clientèle, à en « démocratiser » l'usage, que les fabricants tendirent tous leurs efforts, et ils réussirent à atteindre leur but en économisant sur le prix de la main-d'œuvre et de la matière première; ils remplacent le métier à bras par le métier mécanique, que Honnegger vient de mettre au point et qui permet de réduire la main-d'œuvre de 6/7 mes[1]); surtout ils combinent des étoffes plus

2° Transformation de l'industrie des soieries qui élargit les débouchés de la soie japonaise.

---

[1]) Un métier mécanique fournit $3^1/_2$ fois plus de travail qu'un métier à bras, et le même ouvrier peut en surveiller deux.

simples où entre moins de soie ou des qualités ordinaires, ils créent les étoffes mélangées et les tissus légers.

Ces transformations ont les conséquences suivantes: Les belles soies d'Europe sont moins nécessaires pour la confection des nouvelles étoffes, tandis que les soies d'Asie, de qualité inférieure mais moins coûteuses, se trouvent activement recherchées. La transformation permet d'autre part la croissance rapide de l'industrie soyeuse: l'introduction du tissage mécanique porte atteinte à la situation de quasi-monopole des régions jusqu'alors seules productrices des belles étoffes; le tissage devient indépendant de la tradition d'une main-d'œuvre artistique et spécialisée et peut se développer dans tous les pays où il rencontre un milieu économique favorable; l'industrie américaine en particulier va pouvoir faire de grands progrès et consommer toujours davantage d'une matière première de qualité moyenne telle que le Japon sera en mesure de la fournir.

III. La période américaine (1885 à nos jours).

A) Le développement moderne de l'industrie des soies.

En 1885 commence une nouvelle période pour l'industrie de la soie; la mode revient aux soieries et va leur rester fidèle pendant longtemps, car les fabricants sont arrivés à leurs fins et ont pu abaisser suffisamment les prix des tissus pour tenter à nouveau la clientèle[1]). La période aiguë de baisse générale est passée et s'arrête même définitivement en 1896; une série de périodes prospères vient enrichir la société occidentale dont la population augmente et le luxe croît; le travail humain enfin, est plus largement rémunéré et la bourgeoisie n'est plus la seule consommatrice de la soie, mais l'usage des étoffes brillantes peut se répandre dans toutes les classes de la société, ceci particulièrement dans les pays américains.

Aussi l'industrie de la soie a-t-elle des progrès remarquables à enregistrer. En Europe, la France, qui reste le principal pays producteur de soieries, modernise toute son industrie, et l'Allemagne, la Suisse, l'Italie et la Russie voient le nombre de leurs

---

[1]) D'après P a r i s e t, «Histoire de la Fabrique Lyonnaise», p. 393, le prix des étoffes de soie pure unies est descendu de 138 frs. le kg. en 1868 à 73 frs. en 1885, et le prix des étoffes façonnées de 170 frs. à 102 francs.

métiers plus que doubler de 1885 à 1910 [1]). Mais l'industrie ne croît pas seulement en Europe: le Japon, qui de tous temps fabriquait des étoffes de soie, adopte les méthodes européennes de tissage, agrandit son industrie à pas de géants, et se met même à exporter [2]; enfin, comme un météore, se développe l'industrie américaine qui parvient en quelques décades à dépasser par son importance toutes les industries concurrentes.

L'industrie soyeuse des Etats-Unis, qui a absorbé en 1919 plus des trois quarts de la quantité totale des soies disponibles pour les marchés occidentaux, est l'une des dernières venues dans la production, et le début de son développement ne remonte qu'à la guerre de Sécession, il y a une soixantaine d'années. Jusqu'alors lui manquaient les conditions essentielles pour concurrencer l'industrie européenne, jouissant d'une main-d'œuvre moins coûteuse et formée par une longue tradition, de sorte que les Américains n'avaient entrepris la fabrication que de quelques spécialités soyeuses, telles que le fil à coudre, le cordonnet et les objets de passementerie, important la presque totalité des étoffes dont ils avaient besoin.

Une mesure fortuite du gouvernement unioniste pendant la guerre vint amorcer le développement de l'industrie, en apportant à celle-ci la protection dont elle avait besoin: la nécessité de procurer à l'Etat des ressources supplémentaires conduisit en 1864 à l'établissement de droits d'entrée temporaires sur les produits de luxe, qui frappaient jusqu'à 60 % *ad valorem* les étoffes de soie. Cette barrière douanière était suffisante pour permettre la fabrication de la plupart des produits soyeux dans le pays: une petite industrie se fonda, et, la guerre terminée, le gouvernement décida de la conserver en maintenant les droits sur les soieries. L'industrie américaine a continué depuis à jouir d'une protection très élevée, les droits sur les produits étrangers se montant en moyenne à 50 et 60 % de leur valeur, malgré tous les efforts

---

[1]) Nombre de métiers mécaniques en activité (les métiers à bras sont réduits en métiers mécaniques à raison de $3^1/_2$ pour 1).

	France	Allemagne	Suisse	Italie	Russie
1885	40.000	10.000	10.000	8.000	8.000
1909	48.000 (1906)	35.000	22.000	18.000	15.700 (1906)

[2]) En 1918 l'industrie japonaise possédait 40.000 métiers mécaniques, produisant pour 378 millions de yen de tissus, dont plus de 100 millions pour l'exportation.

tentés pour les réduire ou pour les supprimer. A partir de 1886 surtout, date d'une forte immigration de tisseurs italiens, l'industrie a pu prendre un grand essor grâce à la transformation des méthodes de tissage et à la mise au point des procédés mécaniques [1]).

L'industrie américaine s'est graduellement émancipée des modèles européens, et, grâce à l'énergie des fabricants, à leur talent d'organisation, elle a pu conquérir progressivement le marché national. La croissance de l'industrie des soies a été favorisée par l'essor économique des Etats-Unis au cours du demi-siècle dernier, et la guerre mondiale, en diminuant la concurrence européenne et en enrichissant le pays, a donné le signal d'un nouveau développement de l'industrie soyeuse, remarquable par sa rapidité. Les étoffes et les rubans de soie sont aujourd'hui de consommation courante, et la bonneterie et la lingerie absorbent à elles seules plus de la moitié de la soie grège importée. Quelques statistiques peuvent le mieux illustrer la croissance de l'industrie américaine au cours des 50 dernières années, et nous donnons, par périodes, la moyenne annuelle des importations de soie grège aux Etats Unis:

Années [2])	en 1000 lb	en 1000 kgs.		en 1000 lb	en 1000 kgs.
1870 — 1880	1.448	658	1901 — 1905	14.241	6.473
1881 — 1886	3.508	1.594	1906 — 1910	19.649	8.929
1887 — 1890	5.193	2.360	1911 — 1915	27.471	12.486
1891 — 1895	7.175	3.261	1916 — 1919	37.537	17.062
1896 — 1900	9.384	4.265	année 1919	47.134	21.424

Il est instructif d'établir un rapprochement entre l'augmentation de la consommation américaine des soies et l'augmentation de la consommation dans les autres pays (pays d'Extrême-Orient exceptés). Le tableau suivant, obtenu au moyen des chiffres précédents et du tableau de la production mondiale donné dans l'Introduction, nous montre, d'une période quinquennale à l'autre, l'augmentation de la moyenne annuelle de la production mondiale

---

[1]) Nombre de métiers battant la soie aux Etats-Unis:

1880	8 100	1900	44 400
1890	22 500	1910	75 400

(Census of Manufactures 1911).

[2]) Années fiscales du 1er juillet au 30 juin (d'après les statistiques de la « American Silk Association »).

et de la consommation américaine, et l'augmentation ou la diminution de la consommation dans les autres pays [1]:

| Périodes de référence | Augmentation de la moyenne annuelle de la | | Augmentation ou diminution de la moyenne annuelle de la consommation des autres pays |
| | production mondiale | consommation américaine | |
		sur la période quinquennale précédente	
1886—90 . . .	—	—	—
1891—95 . . .	3.695	901	+ 2.794
1896—1900 . .	2.758	1.004	+ 1.754
1901—05 . . .	2.039	2.208	— 169
1906—10 . . .	4.120	2.456	+ 1.664
1911—15 . . .	1.536	3.557	— 2.021
1916—19 (4 ans) .	1.462	4.575	— 3.113

Le tableau précédent découvre une situation intéressante: alors que dans les années antérieures à 1900 l'augmentation de la production mondiale était suffisante pour assurer la croissance simultanée de l'industrie européenne et de l'industrie américaine, cette dernière s'est développée ensuite avec une telle rapidité qu'elle a réussi non seulement à absorber toute l'augmentation de la production mondiale, mais qu'elle a dû encore entamer les approvisionnements réservés jusqu'alors à l'Europe, et réduire directement la consommation de ses rivaux. Les années 1906 à 1910, pendant lesquelles la production mondiale a soudain fait de grands progrès, font seules exception. Le problème de l'approvisionnement en matière première a donc eu depuis plusieurs années une grande acuité pour les Etats-Unis, qui ont dû chercher à s'assurer les nouveaux marchés producteurs et entrer en concurrence avec l'Europe sur les anciens.

B) L'approvisionnement en soie grège.

Quels sont les pays producteurs qui ont pu profiter de l'augmentation de la demande pour les soies, et fournir en particulier les quantités croissantes de grèges dont avait besoin l'industrie américaine?

Les conditions climatériques sont favorables à l'élevage du ver à soie dans une grande partie de la zone tempérée et de la zone

---

[1]. Le signe (+) placé devant un nombre indique une augmentation, le signe (—) une diminution.

subtropicale: aussi les pays qui produisent commercialement de la soie sont-ils très nombreux[1]). Les principales régions productrices sont l'Europe, qui transforme aussi en soie une partie des cocons produits dans les pays du Levant et de l'Asie Centrale; la Chine, dont on exporte des quantités importantes de soie par les deux ports de Shanghaï et de Canton, et le Japon[2]).

La qualité des soies offertes. La nature des soies de chacune de ces provenances n'est cependant pas la même.

L'Europe où les procédés d'élevage et la technique de filature ont atteint leur plus haut développement, fournit les meilleures qualités. Pendant longtemps les pays concurrents ne purent offrir des articles de qualité équivalente, et les grèges européennes furent seules employées pour tous les usages où la régularité, la netteté et le bon dévidage étaient nécessaires, de ce fait bénéficiant d'une prime importante sur les soies des autres provenances. Cependant le domaine réservé aux soies d'Europe est allé en se rétrécissant d'année en année: les nouvelles étoffes ont permis d'employer des grèges de qualité moins belle, et d'autre part les soies asiatiques se sont améliorées sensiblement et ont

---

[1]) Le tableau suivant, publié par l'Union des Marchands de Soie de Lyon, donne une idée de l'importance relative des pays producteurs pendant la période 1910—1914.

En 1000 kgs.:

Europe occidentale:		Levant et Asie Centrale, suite	
France	396	*Report*	1.447
Italie	3.828	Grèce, Salonique et Crète	99
Espagne	81	Caucase	428
Autriche	180	Turkestan et Asie centrale (exportation)	233
Hongrie	134	Perse (exportation)	212
Totaux	**4.619**	**Totaux**	**2.419**

Levant et Asie Centrale:		Extrême-Orient:	
Turquie d'Asie { Anatolie, Brousse, Ismidt }	452	Chine: exp. de Shanghaï	5.495
Id. Syrie et Chypre	477	id. exp. de Canton	2.059
Id. autres provinc.	130	Japon: exp. de Yokohama	10.156
Turquie de Europ. Adrinople	228	Indes: exp. du { Bengale, Kashmir }	154
Etats des Balkans { Bulgarie, Serbie, Roumanie }	160	Indo-Chine: exportation	12
à reporter	1.447	**Totaux**	**18.076**
		Totaux généraux	**25.114**

[2]) Les Etats-Unis, en raison du coût de la main-d'œuvre ne produisent point de soie grège quoique le ver à soie y rencontre dans certaines régions des conditions climatériques très favorables.

pu remplacer les soies européennes dans bien des usages. Aux Etats-Unis, par ex., celles-ci ne sont plus guère employées que pour le tissage en grège, et depuis quelques années les soies japonaises, coûtant d'ailleurs moins cher, commencent à les supplanter même pour cet emploi.

Les soies de C h i n e, dans leur totalité, étaient encore produites il y a 50 ans avec des procédés antiques de filature et contenaient beaucoup d'imperfections. Pour les adapter au marché américain, dont les moulins exigeaient des flottes d'un dévidage rapide, une partie des grèges chinoises fut soumise dans les ports d'exportation à des opérations de redévidage, et à partir de 1880 s'installèrent à Shanghai et à Canton des filatures modernes équipées avec du matériel européen. Celles-ci n'arrivent cependant encore à fournir que la moitié environ de la grège exportée, l'autre moitié étant formée par les soies «natives», qualités les plus basses livrées aujourd'hui à l'industrie, tandis que les soies «filature» sont au contraire en général de très bonne qualité, et entrent en concurrence directe avec les grèges européennes.

Les soies exportées de Shanghai (dites couramment soies de Chine) sont très appréciées par les fabricants, pour leur ténacité, leur couleur claire qui leur permet aisément de prendre toutes les nuances à la teinture, et leur facilité d'absorption de la charge. De titres fins, elles conviennent particulièrement au genre de tissus de l'industrie européenne, et Lyon est leur marché principal. Quant à la soie de Canton, produite par des vers de race polyvoltine[1]), elle est d'une nature particulière, plus spongieuse, plus faible, et elle est recherchée pour des usages spéciaux tels que le crêpe, le ruban, le velours, etc.

La soie du J a p o n enfin, tout comme la soie de Chine, était au début de qualité très inférieure, car elle provenait de cocons de couleur verdâtre filés à domicile par les paysannes, mais les Japonais ont su accomplir plus tôt et plus rapidement que les Chinois la modernisation de leurs méthodes. La production à l'européenne, commencée en 1872, était déjà importante en 1890, et aujourd'hui les filatures à vapeur fournissent la presque totalité des soies exportées. Intrinsèquement, la soie japonaise n'est pas de qualité aussi bonne que ses concurrentes d'Europe ou de Chine: sa ténacité est généralement plus faible et elle est inférieure comme netteté et comme régularité. Dans l'ensemble,

---

[1]) Cf. *infra* page 45.

elle est cependant bien suffisante pour tous les usages courants, et elle satisfait les fabriquants américains dont les étoffes, quoique d'apparence similaire aux étoffes européennes, sont fabriquées différemment. Les soies du Japon permettent d'autre part de réaliser une double économie, car, tout en étant généralement meilleur marché que les soies d'Europe ou de Chine, elles ont encore l'avantage de perdre moins au décreusage, c'est-à-dire de fournir un poids net fibre supérieur pour le même poids brut[1]).

Les Japonais travaillent sans relâche à l'amélioration de leurs races de vers à soie, et ils ont même entrepris depuis quelques années la production de soie jaune similaire à la soie européenne, destinée au tissage en grège, avec le résultat qu'aujourd'hui déjà les qualités japonaises peuvent être employées à presque tous les usages.

En somme l'on peut dire que le Japon fournit les qualités courantes de soie tandis que l'Europe et la Chine fournissent plutôt des spécialités, c'est-à-dire les grèges de qualités supérieures et les plus ordinaires; cette remarque s'applique avec le plus d'exactitude au marché consommateur américain.

La quantité des soies offertes. Le Japon étant le fournisseur des qualités courantes de soies demandées par la consommation des Etats-Unis, il était naturel que la demande pour ces soies dût augmenter avec l'extension de leur industrie, et que le Japon pût y élargir régulièrement ses débouchés. Le fait est que la demande américaine pour les soies japonaises n'a pas seulement suivi *pari passu* la croissance de l'industrie, mais qu'elle a progressé encore bien plus rapidement, c'est à dire que l'importance relative aussi bien que l'importance absolue des soies joponaises a augmenté pour les Etats-Unis[2]) :

Importations de soies japonaises aux Etats-Unis
en % des importations totales de soies:

1895—99	. . 48 %		1910—14	. .	68 %
1900—04	. . 49 %		1915—19	. .	76 %
1905—09	. . 56 %		année 1919	. .	75,2 %

---

[1]) Les soies italiennes perdent en moyenne 20 à 30 % de leur poids pendant le décreusage qui précède la teinture; les soies japonaises perdent seulement 16 à 19 %.

[2]) Les nombres relatifs de ce tableau ont été calculés d'après les statistiques de la « American Silk Association ».

Cette évolution n'est pas seulement attribuable à la meilleure adaptation qualitative des soies japonaises au marché américain, mais aussi à l'incapacité des concurrents du Japon d'augmenter suffisamment leur offre. La production européenne est stationnaire ou même en recul depuis une trentaine d'années; la Chine n'a pas pu profiter beaucoup de l'augmentation de la demande et les quantités disponibles de soies de ces pays ne suffisent même plus aux besoins des fabricants européens.

Le Japon est le seul pays qui soit arrivé à contenter dans une certaine mesure la demande croissante pour les soies en développant son industrie, et cependant un fait intéressant est encore à relever: malgré la grande augmentation de la production japonaise, celle-ci n'est arrivée qu'avec peine à suivre l'augmentation de la consommation américaine, qui reste dans son ensemble supérieure aux exportations totales du Japon[1]:

Moyennes annuelles:

	Consommation américaine	Exportation japonaise	Différences par rapport à la période précédente	
			Consommation américaine	Exportation japonaise
1886—1890	2.360	2.055	—.—	—.—
1891—1895	3.261	3.066	901	951
1896—1900	4.265	3.459	1.004	453
1901—1905	6.473	4.865	2.208	1.406
1906—1910	8.929	7.448	2.456	2.583
1911—1915	12.486	10.790	3.557	3.342
1916—1919	17.062	15.080	4.575	4.290

en 1.000 kgs.

Aussi les Américains ont-ils été amenés à s'affirmer toujours davantage sur le marché japonais, dont ils cherchent à se réserver la production, n'en laissant qu'une faible partie disponible pour l'industrie européenne; aujourd'hui ils absorbent environ les 96 % des exportations japonaises[2]:

[1] Les chiffres de ce tableau sont calculés d'après les statistiques de la « American Silk Association » et de l'« Union des Marchands de Soie » de Lyon.

[2] Les chiffres dont nous nous sommes servis pour calculer les nombres relatifs de ce tableau ont dû être empruntés à des sources différentes: « Reports ot the Silk Association of America », « Bulletin Séricicole du Japon » et H o n d a, « Silk Industry ot Japan ».

Exportation des soies japonaises à destination des
Etats-Unis en % des exportations totales:

1878—80 . . 25 %	1903—07 . . 70 %
1881—85 . . 35 %	1908—14 . . 72 %
1891—95 . . 54 %	1915—19 . . 89 %
	année 1919 . . 96 %

Le facteur principal dans le développement de l'industrie de
la soie grège du Japon, au cours de 30 dernières années, est donc
sans contredit l'augmentation de la demande américaine, et l'augmentation de la consommation intérieure, quoique très importante,
n'a pu être que le facteur secondaire de ce développement:

	Production moyenne annuelle de la soie japonaise		Consommation intérieure		Exportations	
	1.000 kin	%	1.000 kin	%	1.000 kin	%
1885—89	4.510	100	1.110	24,8	3.400	75,2
1890—94	6.978	100	2.569	36,8	4.409	63,2
1895—99	9.770	100	4.284	43,9	5.486	56,1
1900—04	11.251	100	3.695	32,9	7.556	67,1
1901—09	15.258	100	4.880	32	10.378	68
1910—14	22.163	100	5.407	24,4	16.756	75,6
1915—19	32.548	100	8.878	27,3	23.670	72,7

L'intensité toujours plus grande de la demande américaine
s'est traduite au Japon par une hausse à peu près régulière du
prix de la soie, qui s'est faite sentir déjà à partir de 1885, laissant
aux exportateurs une partie du bénéfice de la baisse du change
japonais, continuée jusqu'en 1897[1]. Cependant les cours de la
soie sont restés déprimés pendant une longue période, soit de 1908
à 1916 (les prix ne dépassaient pas en 1912 les prix atteints au
début du siècle), sans que ceci ait empêché la production japo-

---

[1] Il est très difficile de donner avec exactitude un prix moyen de
la soie, à cause de la variété des qualités et des fluctuations constantes
des prix. Une idée approximative du prix moyen de la soie à l'exportation
est obtenue en divisant la valeur totale de la soie exportée par la quantité. L'on obtient ainsi, par périodes, à partir de 1885:

Prix de la soie en yen par picul:

1885—1888 590	1901—1904 950
1889—1892 635	1905—1908 1060
1893—1896 760	1909—1912 900
1897—1900 920	

L'«Annuaire financier du Japon» donne, depuis 1900, le prix moyen

naise d'augmenter dans de très larges proportions, et de passer de 15 000 Kin en 1907 à 25 000 Kin en 1915.

Ceci nous prouve que l'influence des prix n'a pas été la seule à agir sur la production japonaise; d'autres raisons ont été à l'œuvre pour pousser à son extension, et nous aurons à les étudier au cours des chapitres suivants.

---

pour une qualité courante de soie, et nous reproduisons ces chiffres à titre d'exemple.

	Prix	Indice:		Prix	Indice:
1900	840	100	1912	853	100
1901	706	84	1913	819	96
1902	783	94	1914	833	98
1903	857	103	1915	800	94
1904	769	92	1916	1061	124
1905	849	101	1917	1149	136
1906	965	115	1918	1386	162
1907	1077	129	1919	1874	220
1908	813	97			
1909	769	92			
1910	795	95			
1911	809	97			
1912	782	93			

(Ces deux tableaux ne correspondent pas entr'eux, ayant rapport à des qualités différentes de soie [sans doute Sinshiu No 1¹/₂ et Sinshiu No 1]. Les premier est pris dans les Annuaires de 1909 et 1913; le deuxième dans l'Annuaire de 1920.)

DEUXIÈME PARTIE.

L'industrie soyeuse du Japon.

Comment la production japonaise a-t-elle pu s'adapter à la demande toujours plus forte pour la soie et s'accommoder des prix offerts? Pour répondre à cette question il nous faut examiner avec quelques détails la situation économique de l'industrie soyeuse au Japon.

La matière première de l'industrie des soieries, qui entre dans le commerce sous le nom de s o i e g r è g e, est, elle-même, l'aboutissant de tout une série d'opérations, ayant pour but les unes, la production des cocons de soie, les autres le dévidage de ces cocons pour en obtenir un fil continu. L'on appelle c o c o n de soie l'enveloppe ovoïde que construit tout autour de son corps le ver à soie, c'est-à-dire la chenille du mûrier (Bombyx Mori) [1]), pour se protéger pendant sa transformation en chrysalide puis en papillon; cette enveloppe est constituée par un filament ténu et continu de soie disposé en forme de réseau, que le ver, arrivé à maturité, secrète à l'état gommeux, et qui en se coagulant à l'air devient très résistant.

Le ver à soie a été domestiqué dequis longtemps, et l'industrie agricole qui a pour but l'élevage du ver à soie en vue de la production de son cocon porte le nom le s é r i c i c u l t u r e. Elle repose sur la culture du mûrier, dont la feuille est consommée en grande quantité par les vers à soie [2]), car aucune autre feuille n'est arrivée jusqu'à présent à la remplacer d'une façon satisfaisante.

La f i l a t u r e, dans son sens le plus restreint le f i l a g e,

---

[1]) D'autres espèces de chenilles encore, construisent des cocons dont les filaments ressemblent à la soie ordinaire: telles sont, par ex., les espèces Tasar et Eri, qui se nourissent des feuilles du chêne. On les appelle vers à soie sauvages, et l'on produit avec leurs cocons aux Indes, dans le nord de la Chine et au Japon une petite quantité de « soie sauvage ».

[2]) 30 à 40.000 vers issus d'une once de graine (œufs) de 25 à 30 gr, qui produisent, selon les cas, 30 à 80 kgs. de cocons frais, consomment de 8 à 12 quintaux métriques de feuilles pendant les cinq semaines que dure l'éducation.

qui consiste à dévider simultanément les filaments de plusieurs cocons pour les réunir en un seul, était autrefois également une occupation subsidiaire de l'agriculture; elle est devenue aujourd'hui en grande partie une industrie capitaliste, employant des locaux et un personnel ouvrier spéciaux.

La sériciculture et la filature ont donc chacune un régime économique différent, et nous aurons à les séparer dans notre étude. Nous examinerons dans cette partie le milieu économique et social dans lequel s'est développée l'industrie soyeuse japonaise, l'économie de la production et l'économie de la circulation de la soie.

CHAPITRE PREMIER.
LE MILIEU ÉCONOMIQUE ET SOCIAL.

I. Les étapes de l'industrialisation du Japon.

La croissance de l'industrie soyeuse au Japon a eu lieu par étapes, correspondant aux progrès de la transformation du pays vers le régime capitaliste, après son contact avec la civilisation occidentale, et nous allons rappeler succinctement les phases principales de cette transformation du milieu économique.

Quand l'empire nipponais s'ouvrit au commerce international en 1859, son régime était encore celui de la féodalité, signifiant au point de vue économique, autonomie provinciale et très faible division territoriale du travail. Les relations commerciales entre les nombreuses provinces, entravées par des règlements vexatoires et par l'absence d'un bon réseau routier, étaient presque nulles, et se bornaient à l'échange de quelques produits de luxe pouvant supporter les gros frais de transport. Le principe de la production pour les propres besoins (geschlossene Hauswirtschaft) prédominait partout, et la circulation de la monnaie était faible, les impôts eux-mêmes étant payables en nature. L'agriculture, d'autre part, base de toute la vie économique, était depuis longtemps dans un état de stagnation complète, gênée qu'elle était dans son extension par une législation surannée, et ses faibles ressources ne permettaient pas une augmentation de la population, que des famines et des épidémies venaient réduire périodiquement.

Les flottes de l'Occident, en venant brusquement imposer des traités de commerce au Japon, amenèrent de profondes pertur-

Le contact avec l'Occident rend nécessaire une réadaptation des forces productrices.

bations dans l'économie du pays: la révolution contre le régime féodal, déjà mûre dans les esprits, éclata, aboutissant en peu de temps au complet écroulement de ce régime et à la restauration du pouvoir impérial. Incapable de résister aux Grandes Puissances, et de ramener le pays à l'état antérieur d'isolement, le nouveau gouvernement se mit à l'œuvre avec fébrilité pour unifier et par suite pour moderniser le pays dont il voulait augmenter la puissance, levant tous les obstacles à la liberté des échanges et créant de meilleurs moyens de communication.

La réadaptation du pays et son intégration dans l'économie mondiale ne pouvaient s'accomplir sans secousses. En rapprochant des régions différentes, le commerce bouleversait les anciennes habitudes, et toute l'échelle établie des valeurs, se trouva modifiée en peu de temps. Le déséquilibre se manifesta dans le commerce international par un excédent constant des importations sur les exportations, par la passivité de la balance commerciale. L'ardeur de modernisation avait saisi en effet tout le peuple japonais, et quantité d'objets nouveaux que les artisans nationaux ne pouvaient fournir, durent être importés. D'autre part le Japon n'avait que peu de marchandises pouvant alimenter un commerce d'exportation, et c'est à peine si de petites quantités de produits agricoles de haute valeur, soustraites par l'augmentation des prix à la consommation nationale, trouvèrent leur chemin vers les ports ouverts aux étrangers. Le Japon se vit obligé de combler le déficit de son bilan commercial en contractant des emprunts extérieurs et en exportant ses métaux précieux. Or, il ne produisait lui-même l'or et l'argent qu'en faibles quantités, et leur exportation prolongée n'était pas possible sans dangers.

Le réajustement des forces productrices était donc urgent: d'une part la fabrication dans le pays d'une partie, tout au moins, des nouvelles marchandises demandées, d'autre part la production de marchandises d'un bon écoulement à l'extérieur. Ce réajustement, dont la rapidité émerveille tous les obvervateurs, a été accompli grâce à un concours de circonstances favorables.

La réforme agraire préside à la formation d'un prolétariat et d'une bourgeoisie. L'instrument principal de la transformation économique du pays a été la réforme agraire accomplie entre 1871 et 1880 par une série de décrets impériaux, et elle nous intéresse par deux de ses aspects: la libération des paysans et le rachat des privilèges de la petite noblesse.

Les seigneurs féodaux, les Daymios, avaient fait à l'Empereur l'abandon de tous leurs privilèges au moment de la révolution. L'Empereur à son tour libéra l'agriculture, donnant la terre aux occupants, avec tous les droits d'en disposer, de l'hypothéquer ou de l'aliéner; en même temps il accordait la liberté individuelle du choix de la culture et de la profession. Quant aux redevances en nature, elles furent remplacées par des impôts en argent, déterminés d'après la valeur cadastrale de la propriété. Ces réformes, en vigueur vers 1880, ont eu les conséquences suivantes: Elles ont réveillé l'intérêt du paysan pour la production et le rapport de sa terre, et, conduisant à la vente des produits agricoles, elles ont favorisé les cultures les plus rémunératrices et généralisé l'usage de l'argent. Mais certains de leurs aspects ont un caractère plus sombre. En introduisant l'individualisme à la place de la coopération, elles ont livré à eux-mêmes les paysans, que les bouleversements économiques ont atteints très rudement: beaucoup ont dû sombrer, inaptes à se réadapter, et ont été déracinés de leurs terres, constituant ainsi le premier fonds du prolétariat japonais.

La petite noblesse japonaise, la caste guerrière des Samuraï, avait vécu jusqu'alors des subsides que lui accordaient ses suzerains, les Daymios. Toute occupation lucrative lui était interdite, et les Samuraï menaient une vie tranquille que beaucoup employaient à cultiver leur esprit, composant la véritable élite intellectuelle du pays. La disparition des privilèges féodaux et l'effacement de la distinction des castes fit perdre aux Samurai leur situation aristocratique et leurs revenus. Pour assurer au moins temporairement leur vie économique et les concilier au nouveau régime, le gouvernement japonais entreprit une œuvre grandiose d'indemnisation: contractant en Angleterre un emprunt de 11 millions de yen, il accorda aux Samuraï, en 1876, une somme égale à 6 années de leur ancienne rente, moitié en papier monnaie, moitié en titres à 8 % sur l'Etat, leur ouvrant toutes les carrières que créait la nouvelle organisation économique et politique du pays. Incapables de continuer avec ces ressources diminuées leur vie oisive, les Samurai devinrent fonctionnaires, petits propriétaires, commerçants ou entrepreneurs, et le Japon a eu la bonne fortune de trouver en eux l'élément nécessaire à sa transformation: la future classe bourgeoise, intelligente et éclairée, munie dès le début d'un petit capital liquide.

Alors qu'au contact avec les pays occidentaux, les autres peuples asiatiques s'étaient montrés réfractaires à l'adoption de la civilisation matérielle du capitalisme, les Japonais, au contraire, au tempérament plus réaliste, s'assimilèrent facilement l'esprit économique nouveau, auquel les classes dirigeantes du pays furent rapidement favorables. Le commerçant, autrefois au bas de l'échelle sociale, ne tarda pas à monter dans la considération générale, et les grands capitaines d'industrie furent même récompensés par des titres de noblesse pour leur contribution à l'avancement de la puissance du pays.

La réforme agraire préparait le terrain au capitalisme. Deux ordres de faits allaient hâter la tranformation, en fortifiant l'industrie naissante: d'une part l'intervention active de l'Etat dans l'économie privée, d'autre part la baisse continue du change japonais.

Le gouvernement avait compris dès le début tous les dangers da la faiblesse militaire du pays, et son souci constant fut d'augmenter la puissance de la nation pour sauvegarder son indépendance politique et économique. L'enrichissement du pays, encore très pauvre, pouvait seul lui permettre de supporter les charges militaires de plus en plus lourdes que nécessitait une pareille ambition. Toute la perspicacité et le talent d'organisation du gouvernement s'employèrent, dès lors, à augmenter la capacité fiscale du pays, par l'application des mêmes principes du Mercantilisme, qui un ou deux siècles plus tôt avaient contribué à fonder le régime capitaliste en Europe[1]). Le peuple japonais ne possédait pas encore l'expérience voulue, ni les connaissances techniques suffisantes pour mettre en exploitation les avantages naturels du pays et pour lutter contre la concurrence européenne. L'Etat se fit lui-même le guide et le tuteur de l'économie privée tout entière: envoyant des missions d'étude à l'étranger, important des méthodes et du matériel modernes, créant les organes nécessaires au bon fonctionnement de la vie économique, l'Etat engagea le pays dans les voies promettant les meilleurs succès. Il créa de nouvelles industries extractives et manufac-

La transformation capitaliste du Japon est hâtée:

1° par l'intervention de l'Etat dans l'économie privée.

---

[1]) Cf. W. Sombart. «Der moderne Kapitalismus» II p. 847.

„Das moderne Wirtschaftsleben, zu einem guten Teile, verdankt sein Dasein der rücksichtslosen Durchsetzung des modernen Staatsinteresses, und es ist grundverkehrt, den modernen Kapitalismus aus bloss chrematistischen Ursachen ableiten zu wollen.“

turières et développa d'autre part la puissance productive de l'agri-culture, en favorisant l'extension des terrains cultivés, et en diri-geant les efforts vers les cultures les plus riches.

Dans le succès économique du Japon, l'on ne saurait trop insister sur cette action efficace de l'Etat et son intervention en faveur de l'industrie soyeuse retiendra encore spécialement notre attention.

La tâche de l'Etat a été longtemps facilitée par un phénomène économique très important pour le Japon: la baisse du change japonais jusqu'en 1897, année où il adopta l'étalon or[1]). Cette baisse du change, en entraînant la hausse des prix des marchan-dises du commerce international, puis à leur suite, de tous les biens économiques, fut un stimulant efficace non seulement des industries travaillant pour l'exportation, mais aussi de l'activité économique tout entière.

2° par la baisse du change japo-nais.

Il est possible de distinguer trois périodes dans l'essor in-dustriel du Japon.

Les 3 étapes de l'industrialisa-tion du Japon.

La première s'étend de l'ouverture du pays jusque vers 1886: l'industrie ne réalise que de lents progrès, parce que le pays ne possède pas encore un outillage suffisant et qu'elle se trouve gênée dans son développement par l'incertitude qui règne sur la valeur de la monnaie[2]).

En 1886, l'ordre est rétabli dans les finances; le change s'abaisse fortement jusqu'en 1897, et la période 1886—1897 voit un développement important s'accomplir dans les industries d'ex-portation. Le prolétariat industriel et agricole se constitue, et l'agriculture en transformation s'achemine vers les cultures à plus fort rendement.

Après ses victoires sur la Chine, puis sur la Russie, le Japon entre définitivement dans le régime capitaliste. Son industrie est

---

[1]) Le change du yen sur Paris, d'environ frs. 5.— en 1872 a suivi l'évolution suivante:

1884	. . . .	frs. 4,82	1893	. . . .	frs. 3,22
1886	. . . .	„ 4,10	1895	. . . .	„ 2,65
1890	. . . .	„ 4,26	1897	. . . .	„ 2,58

[2]) L'agio de la monnaie d'argent sur le papier-monnaie en circula-tion a varié comme suit:

1877	. . . .	3,4 %	1883	. . . .	26,5 %
1879	. . . .	21,2 %	1884	. . . .	8,8 %
1881	. . . .	70,4 %	1885	. . . .	5,6 %
1882	. . . .	57,0 %	1886	. . . .	0,0 %

3*

suffisamment forte pour lui permettre d'adopter en 1897 l'étalon or, et la production se diversifie. Les industries produisant pour le marché national se multiplient, et l'agriculture s'adapte toujours davantage au « régime du trafic » (Verkehrswirtschaft). Quant aux industries d'exportation, elles bénéficient de l'organisation économique plus rationnelle du pays, qui leur permet une meilleure exploitation de leurs avantages naturels, et elles remportent d'éclatants succès.

Les statistiques de la production et de l'exportation de la soie, nous montrent tous les progrès réalisés par l'industrie soyeuse d'une période à la suivante:

Exportation moyenne annuelle en 1.000 kin de 600 gr.		Production moyenne annuelle en 1.000 kin de 600 gr.
1865—69	975	—
1870—74	1.016	—
1875—79	1.571	—
1880—84	2.273	3.268
1885—89	3.400	4.510
1890—94	4.409	6.978
1895—99	5.486	9.770
1900—04	7.556	11.251
1905—09	10.378	15.258
1910—14	16.756	22.163
1915—19	23.670	32.548

Jusque vers 1885, la production soyeuse n'a réalisé que des progrès peu importants, mais, dans la période suivante, elle devient déjà une grande industrie, et après 1900 la production s'épanouit: la filature industrielle supplante la filature domestique et conquiert la première place sur les marchés mondiaux.

II. L'orientation de la production.

Pourquoi l'industrie soyeuse occupe-t-elle une place aussi importante — la toute première — dans le nombre des industries japonaises? L'étude de la situation économique générale du Japon va nous renseigner à cet égard, en nous indiquant où gît l'avantage comparatif[1] dans la production.

---

[1] Cf. *infra* pag. 120.

Le Japon est aujourd'hui encore, malgré son industrialisation, un pays éminemment agricole et, d'après le dernier recensement de 1911, 5.422.126 ménages sur 9.245.253, soit les 58,65 % de la population appartiennent à la classe rurale. Or, un fait domine toute la situation agricole et détermine l'orientation de la culture: c'est la faible étendue du terrain cultivable, non seulement par rapport à la population totale très élevée, mais aussi par rapport à la population agricole elle-même. Petit en superficie, aux 2/3 montagneux et couvert de forêts, le Japon n'a que peu de plaines fertiles ou de vallées alluviales propres à la culture. En 1914, les 15,7 % à peine du pays étaient défrichés, c'est-à-dire une étendue d'environ 6.000.000 d'hectares, moins que la superficie consacrée en Irlande à la culture et aux pâturages. D'autre part, en 1919, le Japon avait une population de 57.674.000 habitants, et la densité moyenne s'élevait à 150 habitants au km², et même à 200, si nous faisons abstraction de la grande île de Yeso dont la densité n'est que de 16 au km², et dont la situation économique est différente de celle du Vieux-Japon.

Etant données la forte population, l'exiguité du terrain cultivable, et cependant la prédominance de l'élément agricole, nous comprenons que le paysan japonais n'ait qu'une petite parcelle de terre à cultiver, ainsi que l'illustre le tableau suivant:

En 1917:

les 36,11 %	des ménages paysans cultivaient			moins de 0,5 cho
33,34 %	»	»	»	de 0,5 à 1 »
20,39 %	»	»	»	» 1 » 2 »
6,14 %	»	»	»	» 2 » 3 »
4,02 %	»	»	»	plus de 3 »

1 cho = 99,1735 ares

La majorité des ménages paysans a donc moins d'un hectare à sa disposition, et pourtant le sol japonais ne se distingue pas par une fertilité spéciale, mais il a au contraire été épuisé par une culture intensive depuis de nombreux siècles.

Malgré la similitude des climats japonais et européens, l'agriculture au Japon doit avoir un caractère bien différent de l'agriculture en Europe, où la densité est moins forte, la proportion des terrains cultivables plus élevée, et la classe agricole moins nombreuse [1]). Elle doit tendre vers l'obtention du rendement brut maximum, et nous trouvons en effet que le rendement est beaucoup plus élevé que dans les autres pays, ainsi que le montrent les résultats d'une enquête « soigneuse » entreprise en 1905 [2]). Sur un hectare de terrain, on récolte en moyenne:

en Italie   pour 100 yen de produits
» Allemagne   » 121 » » »
» France   » 122 » » »
» Egypte   » 153 » » »
au Japon   » **213** » » »

La situation du fermier japonais.

Ces chiffres ne doivent point induire en erreur sur la rémunération véritable de l'agriculteur japonais. La loi du rendement décroissant s'applique au Japon avec toute sa sévérité: la culture a dû être poussée bien au delà du rendement optimum, la p r o d u c t i v i t é l i m i t e du travail est faible, et par suite, la r e n t e a g r a i r e très élevée. Le fermier qui a si peu de terre à sa disposition doit encore livrer au propriétaire foncier en moyenne les 57 % de sa récolte totale sur les terres irrigables où peut prospérer la culture du riz, et les 44 % de sa récolte sur les champs ordinaires. Il doit de plus supporter lui-même, sur la part qui lui revient, tous les frais de la culture, en particulier ceux d'engrais qui sont très lourds, par suite du genre de culture, et qui peuvent s'élever jusqu'aux 23 % de la valeur du produit. Le résidu, qui constitue le salaire du fermier ou de l'ouvrier agricole est donc très faible, par suite de la pression de la population et leur *standard of life* bien misérable. En général, le paysan japonais ne peut même pas consommer lui-même le riz qu'il a planté, mais il doit le vendre pour en acheter de qualité inférieure importée, et le mélanger avec de l'orge, du sarrasin ou du millet. Les poissons frais sont hors de sa portée, et même la bonite est un mets d'exception: « Es soll wenige Bauern geben, »

---

[1])   Densité de la France (1910):   73 au km²
  »   » » Allemagne (1910): 120 » »
  »   » » Angleterre (1911): 238 » »
proportion du terrain cultivable: France   55 %
  »   » »   » : Angleterre   49 %
  »   » »   » : Allemagne   50 %
classe rurale: Allemagne 27 %, de la population.

[2]) Cf. Japan Yearbook 1906. Art. Agriculture.

nous dit Heber[1]), « die sich im Monat ein- bis zweimal den Ge-
« nuss von Fisch gestatten können; daran ändert auch der Fisch-
« reichtum der Flüsse und Binnenseen nichts. Die Reiskost wird
« durch Beilagen von grünen Gemüsen, gesalzenem Rettich, Wur-
« zelgewächsen, Eierfrüchten und Teeaufguss schmackhafter ge-
« macht. »

Le sort du paysan propriétaire qui jouit lui-même de la r e n t e du sol n'est pas enviable non plus, et la diminution régulière du nombre des petits propriétaires est l'indice le plus clair de la précarité de leur situation. Alors qu'il y a une quarantaine d'années seulement, la terre fut donnée aux agriculteurs qui la cultivaient, les paysans possédant toute leur terre ne formaient en 1917 que les 31 %, et ceux qui n'en possédaient qu'une partie les 40 % des agriculteurs :

La situation des paysans propriétaires.

	Nombre de ménages	%
Paysans propriétaires	1.695.854	31
Agriculteurs ne possédant qu'une partie du terrain cultivé . . .	2.237.801	40
Fermiers	1 533.622	29
	5.467.277	100

En une seule décade, de 1900 à 1910, le 10 % des paysans est tombé dans la catégorie des fermiers, et dans les trois années de 1914 à 1917, 36.000 familles encore, ont dû abandonner leurs droits de propriété.

Deux causes, principalement, ont agi pour prolétariser la classe rurale japonaise. En premier lieu nous croyons pouvoir mentionner la politique fiscale du gouvernement, le poids exagéré des impôts tant directs qu'indirects, qu'aggravèrent au début de l'ère nouvelle les variations de la valeur de la monnaie, en second lieu, l'augmentation rapide de la population.

Raisons de la prolétarisation de la classe paysanne.

La loi agraire qui libéra le cultivateur japonais en 1873, remplaçait la redevance seigneuriale en nature par un impôt payable en monnaie. Cet impôt, fixé au 3 % (2½ % à partir de 1877) de la valeur cadastrale de la propriété ne modifia tout d'abord pas sensiblement la situation du paysan, mais brusquement, cette situation empira : le cadastre avait été établi en partie pendant les années de dépréciation du papier-monnaie, et sur la base de prix élevés des marchandises. Quand, de 1881 à 1886, le papier se mit

[1] H e b e r, « Japanische Industriearbeit » p. 180.

à augmenter de valeur, entraînant, une chute du prix de toutes les marchandises, les impôts devinrent de plus en plus lourds, et en quatre années le poids de l'impôt foncier doubla [1]). L'agriculture traversa une crise intense, et toutes cultures, après déduction de l'impôt, montraient un déficit en 1887. Il y avait eu 33.854 exécutions pour non paiement de l'impôt foncier en 1883—1884; il y en eut 108.055 en 1885—86. Le fardeau s'allégea bien un peu pendant les 10 années suivantes, avec la hausse des produits agricoles, mais après les guerres de Chine et de Russie, l'Etat dut de nouveau faire un gros appel à l'impôt foncier pour se procurer les ressources supplémentaires nécessaires. En % du rendement brut, l'impôt foncier sur les rizières a passé de 22,5 en 1887 à 18,2 en 1892 et 14,7 en 1897, pour remonter à 24,2 en 1904 et près de 30 % en 1906, avec l'impôt extraordinaire de guerre [2]). Sur les champs ordinaires, d'autre part, l'impôt a passé de 5,9 % en 1887 à 10,2 % en 1902 et plus de 15 % en 1906, du rendement brut.

Pour payer ses impôts quand le produit de la récolte est faible, pour se procurer ensuite l'engrais nécessaire à sa culture, le paysan doit avoir recours aux usuriers, emprunter à 12 et même 20 % et le plus souvent hypothéquer son champ: en 1902 les dettes des agriculteurs étaient évaluées à 600 millions de yen, et à 992 millions en 1919. Quand le créancier ne peut plus être satisfait: c'est la vente partielle ou totale; le cultivateur devient fermier ou ouvrier; le processus de prolétarisation est accompli.

L'Etat a fini par s'alarmer lui-même de la gravité de la situation, et il a entrepris à partir de 1910 une politique de réduction des impôts fonciers. Le rendement de ces impôts s'est abaissé en conséquence de 84.637.000 yen en 1907 à 74.936.000 yen en 1912 et 73.810.000 yen en 1919.

La politique fiscale n'est cependant pas seule responsable de la situation: dans les dettes contractées par les paysans, dans leurs échecs, il faut faire la part des mauvaises récoltes, de l'im-

---

[1]) Expression de l'impôt foncier en millions de kokus (1,8 hl) de riz, le produit agricole le plus courant, d'après De La Mazelière, « le Japon » T. VI p. 59.

1879	5,8	1882	5,5	1885	7,0
1880	4,4	1883	7,4	1886	8,1
1881	4,5	1884	8,7	1887	8,7

[2]) Japan Yearbook 1906, *passim*.

prévoyance, surtout ne point oublier le phénomène social important rappelé plus haut: l'augmentation très forte de la population au cours des dernières décades.

La population, qui était à peu près stationnaire depuis un siècle, s'est mise à augmenter très rapidement après l'ouverture du pays, et elle a presque doublé en une cinquantaine d'années:

Année	Population totale du Vieux-Japon
1846	26.900.000
1872	33.111.000
1882	36.700.000
1892	41.090.000
1903	46.733.000
1813	53.363.000
1919	57.674.000

Cette augmentation de la population doit être attribuée à des causes psychologiques, plutôt qu'à une augmentation correspondante des moyens de subsistance. La confiance dans les destinées du pays, après la restauration impériale et les victoires japonaises, jointe au niveau très bas du *standard of life*, défini justement par Carver [1] « the number of other wants whose satisfaction the individual considers of more importance than that of the procreative instinct », poussa à l'expansion, quoique l'étendue des terrains cultivés n'ait augmenté que faiblement, passant de 11,8 % de la superficie de pays en 1887 à 13,7 % en 1902 et 15,7 % en 1914, et que les villes n'aient pu absorber jusqu'ici qu'une partie de l'excédent annuel de la population.

La famille paysanne japonaise, pour se procurer les maigres moyens de sa subsistance, devra non seulement pousser jusqu'à leur limite extrême les méthodes de culture intensive, en pratiquant un véritable « jardinage », mais encore posséder un gagne pain accessoire qui vienne compléter les trop faibles ressources de l'agriculture. Le travail de la terre n'est pas suffisant pour absorber tout le temps disponible; l'élevage des bestiaux, qui exige trop de fourrage, ne peut être pratiqué que rarement dans le Vieux Japon; — aussi l'agriculteur exerce en général un petit métier manuel, et le nombre des produits de l'adresse paysanne est des plus variés: paniers, paillassons, sandales de paille, tresses pour chapeaux, objets d'art, sucre et même papier. Les femmes de la

[1] *Carver*, « Distribution of Wealth » p. 170.

maison pratiquent principalement l'élevage des vers à soie, la filature et le tissage. Tous ces travaux peuvent n'offrir qu'une rémunération du travail très faible. Ils ont pourtant cette particularité: n'étant point soumis aux charges foncières, ils représentent un revenu net, et il suffit pour le paysan que ce revenu soit égal au **rendement limite** fourni par l'agriculture. Si donc, du point de vue national, le rendement brut du travail domestique japonais est faible, inférieur sans doute à celui de l'agriculture, ce travail peut tout de même, par suite de l'existence d'une rente et d'un impôt foncier très élevés, offrir des avantages du point de vue de l'économie privée; bien plus il peut parfois posséder un attrait supérieur à celui de l'agriculture elle-même.

Mais voici que survient le travail en fabrique, employant des machines et une meilleure technique, voici que les meilleurs moyens de communications rapprochent la concurrence étrangère, et qu'enfin le prolétariat urbain entre lui-même en concurrence avec le prolétariat agricole. La vitalité de plusieurs petites industries se trouve diminuée, et nombre d'entr'elles périclitent, frappées à mort par le nouvel ordre économique.

Quelques exemples vont nous montrer combien se restreint le champ de l'activité paysanne, depuis la guerre de Chine surtout, de laquelle date l'industrialisation la plus active du pays [1]).

Le tissage des étoffes était autrefois l'une des industries domestiques les plus répandues, et en 1898, elle était encore pratiquée dans 654.196 ménages. En 1910, les métiers ne battaient plus que dans 450.568 maisons, et dans 340.903 en 1918: en 20 ans, le tissage domestique a donc diminué de près de la moitié. La filature de la soie, que nous étudierons encore en particulier se pratique de plus en plus dans des établissements spéciaux: en 1900, 428.627 familles filaient encore la soie à domicile; elles n'étaient plus que 375.587 en 1910 et 239.123 en 1919. L'érection de grandes fabriques de sucre a de même ruiné la petite industrie domestique qui fleurissait encore en 1900 dans les provinces du Sud avec 96.165 ménages et qui est aujourd'hui à peu près

---

[1]) Les chiffres suivants sont empruntés au « Résumé statistique de l'Empire du Japon », années 1900 à 1920, et au « Japon Yearbook » années 1905 à 1919.

inexistante. La production du p a p i e r j a p o n a i s qui, dans les provinces centrales, donnait du travail à 67.207 familles en 1900, n'en occupait plus que 45.474 en 1918, et l'on pourrait multiplier les exemples, et montrer des conditions similaires dans les industries moins importantes de l'indigo, de la laque, de la brasserie du saké, de la préparation des huiles, des cuirs et de la cire végétale. Deux autres industries domestiques, qui s'étaient temporairement développées, la fabrication des nattes et paillassons, et celle des tresses de paille pour chapeaux, sont déjà sur leur déclin, par suite de la concurrence étrangère.

Partout où la machine peut remplacer avantageusement le travail humain, partout où les produits peuvent être fabriqués à meilleur marché dans des pays dont la main-d'œuvre est encore plus faiblement rémunérée qu'au Japon, l'industrie domestique japonaise est destinée à succomber. Il est cependant des domaines où les procédés mécaniques, les entreprises en grand, n'ont pu supplanter le travail diligent de la petite entreprise manuelle, et où d'autre part l'intelligence de la main-d'œuvre, la bonne organisation économique, lui assurent des avantages sur la main-d'œuvre de pays moins avancés. L'é l e v a g e d e s v e r s à s o i e est justement l'un de ces domaines. La machine n'a pu l'atteindre, la grande magnanerie a peu d'avantages sur la petite éducation, bien plus, l'industrialisation du pays, en augmentant le pouvoir de consommation de l'industrie de la filature, augmente ainsi directement la demande pour les cocons de soie. D'autre part, l'avancement de la technique, la bonne organisation de la production, peuvent avoir une influence suffisante sur le résultat des éducations pour lui permettre de concurrencer victorieusement les éleveurs d'autres régions, même si leur rémunération est moins élevée.

Aucune autre industrie, aussi bien que la sériciculture, n'a su répondre au besoin du paysan japonais pour un salaire d'appoint, et n'a pu remplacer les industries atteintes par la nouvelle organisation économique. La culture et le grillage du t h é, la filature de l a b o u r r e d e s o i e, ont seules à côté d'elle des progrès à enregistrer. La préparation du thé occupait en 1919 1.112.164 familles, contre 705.928 familles en 1894, mais la production de chacune d'elles est minime, et tout à fait insuffisante au budget familial. Quant à la filature de la bourre de soie, elle occupait 227.708 familles en 1916 contre 156.563 en 1905; elle n'est elle-même qu'une industrie dérivée de la sériciculture, et le développement de la grande industrie japonaise de la schappe menace déjà son avenir.

La sériciculture est bien l'industrie providentiellement épargnée et favorisée par l'ordre nouveau, qui permet aujourd'hui au ménage paysan de joindre les deux bouts, et deux millions de ménages élèvent aujourd'hui les insectes précieux. Ainsi que l'exprime Mr. S h i t o : « Indeed it is questionnable whether the Ja-« panese farming families would be able to make agriculture pay « at all, did they not have such an industry as silk production to « help them out » [1]).

Le caractère de la production industrielle. La situation agricole que nous venons de retracer nous permet en même temps de comprendre le caractère de l'industrie japonaise. Si la pression de la population, telle que nous la constatons dans l'agriculture, n'a point diminué, mais plutôt augmenté malgré l'industrialisation du pays, ce nous est une preuve que la main-d'œuvre a toujours été en surabondance sur le capital et sur les ressources naturelles disponibles, qu'elle est donc le facteur le meilleur marché de la production. La rémunération de l'ouvrier non qualifié n'aura pas à être supérieure à celle de l'ouvrier agricole, et, dans le commerce international, les industries exigeant le plus de main-d'œuvre possèdent un a v a n - t a g e c o m p a r a t i f, et donnent les meilleurs bénéfices.

La filature de la soie, dans laquelle la main-d'œuvre joue un rôle si considérable, a donc rencontré, elle aussi, au Japon, des conditions très favorables à son développement, et elle a pu transformer dans le pays même les grandes quantités de cocons produites par la sériciculture.

---

[1]) The Globe Encyclopedia, « Present Day Impressions of Japan », p. 341.

CHAPITRE II.

LA PRODUCTION.

§ 1. La sériciculture.

I. La situation générale de la sériciculture.

L'élevage du ver à soie peut réussir partout où prospère le mûrier, c'est-à-dire dans une grande partie de la zone tempérée et
de la zone sub-tropicale. Il ne sera pourtant économiquement
possible que dans les régions où les rendements pécuniaires des
éducations sont en harmonie avec le salaire moyen du travail.
Les bénéfices de la sériciculture étant généralement minimes,
nous la rencontrons de préférence dans les régions où les conditions climatériques sont favorables d'une façon continue et
les risques de mauvaises récoltes faibles, et où d'autre part la
rémunération moyenne du travail est peu élevée. Ces deux conditions se trouvent très bien remplies au Japon.

A) *Le climat.*

La température et l'humidité atmosphériques sont les deux
facteurs climatériques principaux qui influencent l'élevage du ver
à soie. Celui-ci peut déjà vivre à une température de 10 °C., mais
sa croissance est alors très lente, et même à 15° elle dure encore 50 à 60 jours. L'optimum est atteint quand la température
moyenne du milieu ambiant se maintient vers 20 à 25°, et le ver
à soie parcourt alors sa vie de larve en 30 à 35 jours. Aux tempé-
ratures supérieures, la durée de la vie du ver à soie est encore
abrégée, mais sa force de résistance aux maladies diminue, par
suite de l'humidité atmosphérique généralement plus forte. La
mauvaise évaporation de la vapeur d'eau, qu'exhalent en grande
quantité les vers, les prédispose en effet à des troubles digestifs
graves connus sous le nom de flacherie. Aussi les pays de collines où souffle le vent sont-ils les plus favorables, et les éducateurs prennent soin de maintenir toujours bien ventilés les locaux
d'élevage. Parmi les races de vers à soie, les unes appelées
p o l y v o l t i n e s parce que les vers parcourent le cycle de leurs
transformations plusieurs fois par an (tandis que la plupart des
vers ne se reproduisent qu'une fois: races m o n o v o l t i n e s),
sont plus résistantes aux maladies, et ceci explique la préférence
que leur accordent les éducateurs dans les régions chaudes et

humides, quoique leur bave de titre très fin et de mauvais dévidage soit moins appréciée.

Le Japon, très étendu dans le sens de la longitude, et très montagneux, possède une grande diversité de climats, illustrée par les tables suivantes, qui nous donnent la température et l'humidité moyennes journalières dans quelques villes japonaises [1] :

Ville	latitude	longitude	altitude mètres
Kumamoto . . .	32° 49′	130° 42′	39,2
Okayama . . .	34° 40′	133° 54′	6,1
Kioto . . .	35° 1′	135° 46′	49,4
Gifu	35° 27′	136° 46′	16,6
Kofu (Yamanashi)	35° 40′	138° 34′	268,5
Nagano . . .	36° 40′	138° 10′	420,4
Fukushima . . .	37° 45′	140° 24′	62,0
Akita . . .	39o 41′	140° 6′	6

I° Moyenne de la température journalière:

Degrés centigrades	mars	avril	mai	juin	juillet	août	sept.	oct.	nov.
Kumamoto . .	9,2	14,7	18,5	22,5	26,1	27,1	23,8	17,3	11,5
Okayama . .	7,1	12,9	17,2	21,5	25,5	26,8	23,0	16,4	10,6
Kioto	6,3	12,2	16,6	21,0	24,0	26,0	22,2	15,3	9,3
Gifu	7,2	13,0	17,2	21,4	25,2	26,3	22,8	16,2	10,5
Kofu	7,0	12,5	16,2	20,9	24,0	24,8	21,9	15,5	8,8
Nagano . . .	2,8	9,7	14,7	19,0	22,8	23,9	20,0	12,9	6,6
Fukushima . .	3,8	10,1	15,8	19,2	22,6	23,8	20,1	13,4	7,7
Akita	2,0	8,6	13,4	18,1	21,6	23,3	19,3	12,5	6,9

II° Moyenne quotidienne des maxima:

Degrés centigrades	mars	avril	mai	juin	juillet	août	sept.	oct.	nov
Kumamoto . .	15,0	20,4	24,3	27,5	30,8	32,4	29,1	23,8	18,4
Okayama . .	12,1	18,0	22,4	25,9	29,5	31,2	27,4	21,8	16,5
Kioto	12,9	18,9	23,2	26,6	30,1	32,0	28,1	22,5	16,7
Gifu	12,9	18,6	23,0	26,5	30,1	31,6	28,0	22,2	16,7
Kofu	14,0	18,9	22,6	26,8	28,9	30,5	28,0	21,6	16,2
Nagano . . .	8,8	16,4	21,6	25,0	28,3	29,7	25,7	18,9	12,7
Fukushima . .	8,7	16,2	21,4	24,8	27,5	29,0	25,1	19,2	13,5
Akita	6,0	13,3	18,0	22,2	25,4	27,6	24,3	17,9	11,3

[1] Ces tables ont été établies d'après les « Results of the Metereological Observations made in Japan for each period of five years since 1876 » du Bureau Central de Météorologie à Tokyo. Les moyennes ont été établies pour les années 1891 à 1905, sauf pour Kofu, où les observations n'embrassent que les années 1901 à 1905.

III° Moyenne quotidienne des minima:

Degrés centigrades	mars	avril	mai	juin	juillet	août	sept.	oct.	nov.
Kumamoto . .	3,5	8,4	12,2	17,6	21,8	22,3	18,8	11,2	5,0
Okayama . .	2,8	8,2	12,5	17,9	22,4	23,3	19,6	12,2	6,2
Kioto	0,4	5,7	10,0	15,9	20,5	21,3	17,7	9,7	3,2
Gifu	2,4	8,1	12,2	17,4	21,7	22,7	19,1	11,7	5,6
Kofu	1,1	6,9	10,5	16,1	20,4	20,6	17,7	10,8	3,0
Nagano . . .	98,1	4,0	8,8	14,1	18,6	19,4	15,8	8,0	1,8
Fukushima . .	99,3	4,5	9,2	14,5	19,0	20,3	16,4	8,7	2,5
Akita	98,1	4,2	9,0	14,2	18,4	19,3	15,2	7,9	3,1

IV° Tension moyenne de la vapeur d'eau atmosphérique:

Degrés centigrades	mars	avril	mai	juin	juillet	août	sept.	oct.	nov.
Kumamoto . .	6,8	9,7	12,2	16,3	20,5	20,8	17,3	11,6	8,1
Okayama . .	5,5	8,1	10,5	14,6	18,9	20,0	16,5	10,7	7,3
Kioto	5,3	7,7	10,1	14,2	18,3	19,1	15,9	10,4	7,2
Gifu	5,4	8,3	10,7	14,7	18,9	20,1	16,6	10,7	7,4
Kofu	5,2	7,7	9,8	13,8	17,6	18,2	15,7	10,6	6,6
Nagano . . .	4,2	6,3	8,6	12,4	16,1	17,3	13,8	8,9	5,9
Fukushima . .	4,1	6,1	8,4	12,1	16,2	17,8	14,6	9,3	5,8
Akita	4,0	6,2	8,8	12,7	16,5	17,9	14,2	8,8	5,9

V° Moyenne de l'humidité relative:

	mars	avril	mai	juin	juillet	août	sept.	oct.	nov.
Kumamoto . .	76,4	78,3	78,2	81,2	82,4	79,6	79,9	79,1	79,7
Okayama . .	71,5	72,3	72,9	77,2	78,8	77,4	78,9	77,1	76,4
Kioto	74,0	73,4	73,6	76,6	79,5	78,0	80,2	81,2	81,7
Gifu	70,7	74,2	74,2	78,0	79,7	79,8	80,8	78,6	77,8
Kofu	68,0	71,5	73,1	76,0	79,7	79,2	79,5	81,2	77,5
Nagano . . .	74,2	70,8	69,6	76,4	78,6	79,5	79,2	79,6	80,5
Fukushima . .	67,7	66,5	67,5	74,4	80,2	81,9	83,2	81,1	74,2
Akita	74,8	73,8	77,1	82,1	85,8	84,5	84,1	80,3	78,1

Ce tables nous montrent que la température et l'humidité diminuent du sud au nord, mais que partout, dans les trois îles principales de Hondo, Sikok et Kiusiu, l'élevage peut être pratiqué au moins pendant quelques mois de l'année: il est possible de fin avril au début d'octobre dans les provinces méridionales, un peu moins longtemps dans les provinces septentrionales, et nous verrons que tous les mois favorables ont été mis à profit.

La température moyenne est encore basse en mai, au nord du 35ᵐᵉ degré de latitude, où se trouvent les grands centres séricicoles, et le thermomètre s'abaisse encore sensiblement en juin, ainsi que le montrent les moyennes de la température minima.

Ceci nous explique pourquoi le chauffage des magnaneries est souvent nécessaire au cours des élevages du printemps, si les éducateurs ne veulent pas prolonger leur durée. Les sériciculteurs japonais chauffent en général les chambrées quand la température s'abaisse au-dessous de 20° C.; c'est ce que l'on appelle le système «conventionnel» d'élevage. Le système «naturel», où les locaux ne sont point chauffés, et le système de chauffage permanent, destiné à stimuler l'appétit des vers et à abréger leur vie, sont par contre très peu pratiqués au Japon. Pendant les mois d'été, la température moyenne reste élevée jusqu'à la fin du mois de septembre, même dans les départements septentrionaux comme Fukushima; les chûtes de température sont moins fréquentes et le chauffage n'est plus nécessaire.

La tension de la vapeur d'eau contenue dans l'atmosphère est la plus forte dans le sud, et ceci nous donne la raison de la prédominance, dans les provinces méridionales, des races bivoltines (se reproduisant deux fois dans la même année) et même polyvoltines de vers à soie. Dans tout le Japon, l'humidité s'élève fortement pendant les mois d'été, et c'est pourquoi l'élevage des vers monovoltins, rendu possible grâce au système de retardement artificiel des éclosions[1]) est très délicat, et conduit souvent à des échecs: par suite, en juillet et août, les éducateurs préfèrent les vers bivoltins ou bien les vers provenant d'un croisement de monovoltins et de bivoltins, qui sont plus résistants que les monovoltins purs.

Pour terminer l'étude du climat, nous donnons un petit tableau des précipitations atmosphériques pendant les mois d'été.

Précipitations mensuelles en millimètres:

	juin	juillet	août	sept.	total annuel
Kumamoto	279,3	305,8	179,3	137,6	1.722,2
Kioto	233,1	240,6	163,8	201,3	1.630,0
Gifu	267,3	327,2	222,2	312,0	2.156,2
Kofu	115,2	303,3	129,1	154,1	1.258,2
Matsumoto (Nagano)	157,3	170,5	120,5	132,5	1.200,0
Nagano	105,0	172,4	91,6	123,2	985,6
Fukushima	116,6	163,7	138,1	193,4	1.210,1

Une comparaison entre les précipitations des mois d'été et les précipitations annuelles nous montre que l'été est la saison des

---

[1]) Cf. *infra* p. 51.

pluies, le Japon se trouvant dans l'aire de la mousson d'été. Cette abondance des pluies estivales a pour heureuse conséquence de permettre au mûrier de repousser rapidement après son émondage, et de rendre ainsi possible la culture en formes naines, très répandue dans les provinces centrales et méridionales, et qui fournit une plus abondante récolte de feuilles[1]). L'aquosité des feuilles du mûrier nain est plus forte que celle du mûrier à forme arborifère, et ce fait contribue à expliquer la nature moins nerveuse des soies dites Sinshiu que celle des soies Kansai, provenant des provinces septentrionales. Aujourd'hui cependant, que le grainage a modifié les races de vers à soie, et que les cocons sont expédiés d'une province dans l'autre pour y être filés, la provenance n'est plus une indication conclusive pour la qualité, et les dénominations Sinshiu et Kansai ne correspondent plus toujours à des divisions géographiques, mais servent plutôt à indiquer le degré de nervosité de la soie.

B) La situation économique de la sériculture.

L'étude du climat nous a montré que la sériciculture n'est possible que pendant quelques mois au Japon. Elle ne sera donc pas, en général, la seule occupation des éleveurs, mais donnera plutôt un revenu d'appoint, particulièrement bienvenu dans la classe agricole, qui fournit en effet la grande majorité des sériciculteurs. Le paysan japonais, habitué par son genre d'activité à un travail soigneux et minutieux, a des aptitudes spéciales pour l'élevage des vers, qui demande une attention constante, de la propreté et de la finesse, et cette occupation tend de plus en plus à remplir les périodes de répit laissées par l'agriculture.

Nous connaissons déjà les principales raisons qui ont poussé à l'augmentation de la production séricicole depuis le début de la nouvelle ère japonaise: nécessité pour le paysan de produire pour la vente, afin de se procurer l'argent liquide nécessaire d'abord pour acquitter ses impôts, puis plus tard, avec la division croissante du travail, pour acheter la plupart des marchandises de sa consommation; augmentation soutenue du prix de la soie et des cocons, qui a fait apparaître la sériciculture comme l'une des occupations les plus rémunératrices; enfin industrialisation du pays, qui diminue le champ des industries d'appoint, mais par

Le développement de la sériciculture.

[1]) Cf. *infra,* pag. 69.

contre fait accomplir de grands progrès techniques à la sériciculture.

Cette augmentation de la production a été réalisée par un développement de l'élevage du ver à soie dans 3 directions: par la généralisation de sa pratique, par l'intensification et par la répétition des éducations.

Le nombre des ménages de sériciculteurs n'a cessé d'augmenter d'année en année, et, alors qu'en 1894 il y avait 1.246.000 ménages élevant au printemps des vers à soie, ils étaient 1.475.000 en 1904 et 1.911.000 en 1918: en 1904 les 27 %, en 1918 les 35 % de la population agricole totale pratiquaient la sériciculture.

La quantité moyenne de graines mise à incubation dans chaque ménage montre aussi une progression régulière, et les quantités de cocons produites par ménage ont beaucoup augmenté, influencées favorablement par l'amélioration du rendement de la graine. Ainsi, tandis qu'en 1901 la production moyenne d'un élevage de printemps était de 1,21 koku par famille, elle a passé à 1,65 koku en 1910, et 1,85 koku en 1919. [Un koku de cocons représente un volume de 1,804 Hl. et il pèse en moyenne 37,4995 kilogrammes [1]). La production moyenne des éducateurs de printemps était donc de 69,38 kgs. en 1919.]

Mais l'élevage des vers à soie ne peut pas être augmenté, dans un ménage, au delà d'une certaine limite fixée par l'espace disponible: une once de graine de 25 à 30 gr. demande en effet une superficie de 60 à 70 m² et un volume d'air de 100 à 120 m³. Avec une excellente aération, l'on peut diminuer le volume d'air concédé aux vers à soie, mais leur espacement ne peut être réduit sans conséquences défavorables. Or, les sériciculteurs japonais n'ont en général point de locaux spécialement destinés à la sériciculture: ils offrent plutôt aux vers l'hospitalité de leur propre maison, qui, de construction légère et facilement aérable peut être aisément transformée en une bonne magnanerie. Les meubles sont peu nombreux, et ils laissent suffisamment de place pour les claies où reposent les vers à soie, claies que l'on dispose sur des supports en bambou, comme les rayons d'une bibliothèque [2]).

---

[1]) D'après G. Colombo, Sunto delle lezioni etc. 12—1.

[2]) La propreté est une qualité japonaise qui contribue grandement à assurer le succès de l'élevage. Nous reproduisons ici une description des soins méticuleux pris par les sériciculteurs pour préparer leur maison aux vers à soie:

« E degna di essere segnalata ad esempio la solerzia con la quale quei

La maison japonaise n'est cependant pas grande; elle n'a en général qu'un étage et ne permet pas des élevages supérieurs à une once de graine. Pour augmenter leur production, les sériciculteurs ont ajouté à leur maison, dans quelques régions comme le Sinshiu, un 2me étage destiné aux Séricaires, embauchant au moment de la grand frèze[1]) la main-d'œuvre supplémentaire qui leur fait encore défaut. La construction de grandes magnaneries est rare: il y en a cependant quelques-unes dans le Nagano, le Yamanashi et le Fukushima, mais leur production représente à peine 1 % de la production totale des cocons. Les sériciculteurs ont plutôt recouru à la répétition des élevages, dont la pratique est allée en se généralisant au cours des 20 dernières années.

La répétition des élevages, qui est de règle dans les pays chauds où vivent les espèces polyvoltines de vers à soie, n'est dans les mœurs japonaises que depuis peu de temps. Les vers monovoltins ont toujours prédominé au Japon, et l'élevage de quelques espèces bivoltines, fournissant une 2me récolte de cocons en été, formait l'exception, quand fut découvert par hasard vers 1870, que l'éclosion des vers à soie pouvait être retardée à volonté, en maintenant les graines à une température inférieure à 8° C. La possibilité était donnée de pratiquer l'élevage pendant tous les mois favorables au point de vue climatérique, sans employer des espèces polyvoltines, à soie inférieure, et le paysan eut la faculté d'entreprendre une ou deux éducations supplémentaires aux moments les plus propices. Il suffisait de maintenir les graines dans un milieu froid naturel (grottes appelées fuketsus) ou artificiel (glacières), et de ne les en sortir qu'au moment du besoin. Le retard artificiel de l'éclosion est pratiqué depuis 1885 dans les

---

bravi bachicoltori accudiscono ai relativi lavori: la casa viene messa sottosopra, tutte le masserizie allontanate, le stuoje, che costituiscono il pavimento, sbattute con canna d'India o bambù per allontanarne la polvere penetratavi; altrettanto si fa con i graticci i quali, arrotolati, sono poi portati ad un fiume o canale per essere lavati ed infine asciugati al sole; anche l'interno, tavolato e pareti, e non meno che l'esterno e persino il tetto della casa ove si allevano i bachi viene spolverato e lavato, e tutto questo lavoro vien fatto con une cura che dimostra la piena convinzione che colà si ha della sua utilità ». J. Bolle, Allevamento razionale del baco da seta. p. 14.

1) Les périodes où le ver à soie montre le plus de voracité s'appellent périodes de frèze; celle du 5me âge est la grande frèze, et c'est alors qu'il réclame le plus de soins.

— 52 —

départements de Gifu et de Yamanashi, mais les éducations d'automne n'ont commencé à prendre une grande importance que vers 1900, avec les progrès de l'industrie du grainage et la plus grande demande pour les cocons. En 1909, l'on comptait déjà 117 maisons spéciales creusées dans le flanc des collines pour abriter les graines, et un grand nombre de grottes naturelles étaient aussi utilisées à leur conservation.

Il se pratique maintenant 4 élevages au Japon, l'un au « printemps »; l'autre en « été » et deux en « automne », divisions adoptées par la statistique japonaise, un peu artificiellement d'ailleurs, car les éducations se poursuivent en réalité presque sans interruption, de fin avril jusqu'à fin septembre, précoces dans le sud, tardives au nord. Les élevages de printemps ont lieu de fin avril à mi-juin et durent environ 30 jours; les élevages d'été s'étendent du mois de juin à la fin du mois de juillet et ont une durée d'environs 25 jours. Quant aux élevages d'automne, ils ne durent en moyenne que 20 jours et ils sont pratiqués au mois d'août et de septembre.

Les élevages du printemps sont de beaucoup les plus abondants, mais ils perdent de leur importance relative au profit des élevages d'automne qui se signalent par un remarquable accroissement:

Production des cocons en 1.000 kwan de 3.75 kgs.

	Printemps	% de la prod. totale	Été	% de la prod. totale	Automne	% de la prod. totale
1888	890	76	229	19	48	5
1900	2.030	74	377	14	346	12
1910	2.424	62	503	13	974	25
1919	3.576	50	733	10	2.913	40

Les élevages d'automne offrent de nombreux avantages aux sériciculteurs. Août et septembre sont les mois où l'agriculture japonaise réclame le moins de soins, laissant du temps disponible pour la sériciculture; d'autre part la température est plus élevée et plus constante qu'au printemps, rendant superflu l'emploi de combustible pour chauffer les chambrées et permettant une économie importante de main-d'œuvre et de feuille, grâce à leur moindre durée. L'économie de feuille réalisée est cependant plus apparente que réelle: elle provient en bonne partie de l'ignorance des paysans, qui souvent n'augmentent pas comme ils le devraient les rations quotidiennes de nourriture. L'on estime qu'une momme[1]) de graines ne consomme que 35 kwan de feuilles en automne contre 45 kwan au printemps, mais aussi trouvons-nous qu'en moyenne le rendement en poids est plus faible de 16 % et le rendement à la bassine inférieur de 15 %.

Les élevages d'été jouissent d'une faveur bien moindre de la part des sériciculteurs, occupés la plupart à la transplantation du riz. La feuille des mûriers émondés au printemps n'a pas encore repoussé suffisamment pour fournir aux vers une nourriture abondante, et les pluies fréquentes gênent la croissance des insectes. Aussi ces élevages sont-ils plutôt abandonnés au profit des élevages d'automne, et l'augmentation du chiffre de la production des cocons provient surtout de l'amélioration du rendement de la graine.

La possibilité des 3 éducations étant donnée dans toutes les provinces séricicoles, l'importance de la sériciculture dépendra localement des conditions du travail, c'est-à-dire de la disponibilité en main-d'œuvre. L'élevage d'une once de graines demande les soins constants d'une personne adulte, qui doit recevoir quelque aide au moment de la grande frèze, et la cueillette du mûrier, si elle est effectuée par la famille elle-même, réclame aussi le travail continu d'une personne adulte. Une petite famille est donc complètement occupée pendant la durée de l'éducation. L'élevage n'est possible dans ces dimensions que si les autres travaux agricoles ne demandent pas trop d'attention, ou si l'on emploie de la main-d'œuvre mercenaire. La culture du riz, qui est la principale culture japonaise et qui exige beaucoup de soins, est donc un obstacle au développement de la sériciculture.

La production des cocons est surtout abondante dans les départements du centre de l'île de Hondo: ce sont dans leur ordre d'importance: Nagano, Aichi, Gumma, Saitama, Gifu et Yamanashi qui fournissent à eux seuls près de la moitié des cocons japonais; vient ensuite dans le nord Fukushima.

L'importance prépondérante prise par les provinces centrales, dans la production des cocons, s'explique par l'abondance de la main-d'œuvre disponible et le besoin urgent d'une industrie d'ap-

Le «standort» *)
de la
sériciculture.

---

[1]) Une momme = 3,75 grammes.

*) Le terme «standort», rendu technique par Alfred Weber, «Ueber den Standort der Industrien», 1909, signifie «emplacement géographico-économique d'une industrie».

point. L'étendue des terres cultivables à riz y est inférieure à la moyenne japonaise, l'étendue de terrain dévolue à chaque ménage est très faible, la stratification sociale défavorable, et d'autre part la filature et le tissage domestiques, qui fleurissaient autrefois dans ces régions, ont vu leur domaine envahi de plus en plus par l'industrie des fabriques. Quelques chiffres nous renseigneront exactement sur cette situation.

En 1912, les terres cultivées des 3 îles de Hondo, Sikok et Kiusiu et îlots adjacents se divisaient en 2.883 chô de rizières et 2.258.000 chô de champs, avec prédominance des rizières. Dans les provinces centrales, au relief plus tourmenté, les champs prédominent au contraire, exception faite des départements de Gifu et d'Aichi.

En chôs	Rizières	Champs
Gumma	30.340	71.176
Saitama	67.210	98.011
Yamanashi	20.073	41.504
Nagano	75.187	95.541
Gifu	64.034	42.622
Aichi	97.511	59.173

Cette faible proportion des terres à riz n'est point compensée par une plus grande extension des terrains cultivables par ménage d'agriculteur, et dans les départements de Yamanashi, de Gifu et de Nagano en particulier, le nombre de petits cultivateurs est beaucoup plus élevé qu'ailleurs [1] :

Etendue cultivée par ménages d'agriculteurs
cultivant chacun:

	Moins de 5 tan	%	De 5 tan à 10 tan	%	Plus de 10 tan	%	Total	%
Gumma	40.747	37,7	33.961	31,4	33,311	30,9	108.019	100
Saitama	49.782	31,5	52.238	33,0	56.039	35,5	158 059	100
Yamanashi	37.324	48,6	29.151	38,1	10.250	13,3	76,725	100
Nagano	79.140	39,3	72.666	36,3	49.135	24,4	200.941	100
Gifu	63.561	44,5	55.978	39,1	23.285	16,4	142.824	100
Aichi	73.436	35,2	92.166	44,2	42.769	20,6	208.371	100
Total Japon	2.014.488	37,0	1.813.318	33,4	1.610.245	29,6	5.438.051	100

[1] Ces chiffres sont pris dans l'«Annual Report of the Departement of Agriculture and Commerce» Tokyo 1913. Nous avons calculé les nombres relatifs.

Quant à la distribution sociale, nous la reproduisons dans le tableau suivant :

	Propriétaires	°/o	Fermiers	°/o	Les deux en même temps	°/o	Total	°/o
Gumma . .	37.078	34,3	31.131	28,1	39.810	43,6	108.019	100
Saitama . .	59.184	37,6	45.598	28,8	53,277	23,6	158.059	100
Yamanashi .	19.476	25,3	27.713	36,1	29.536	42,6	76.725	100
Nagano . .	66.962	33,5	51.815	25,8	82,164	40,7	200,941	100
Gifu . . .	41.966	29,3	38.245	26,6	62.613	44,1	142.824	100
Aichi . . .	64.183	30,6	52.807	25,4	91,381	44,0	208,371	100
Total Japon	1.764.181	32,4	1.500.003	27,6	2.173.867	40,0	5.438.051	100

Dans l'ensemble, les 2/3 des cultivateurs doivent abandonner une partie de leurs revenus aux propriétaires de la terre.

Cette situation a favorisé la sériciculture tant directement qu'indirectement : d'une part elle a poussé à l'augmentation des éducations, et d'autre part elle a attiré dans ces provinces l'industrie de la filature, la bonne cliente des sériciculteurs.

Tandis que le Japon n'avait en 1915 que les 31 % des familles agricoles pratiquant la sériciculture, Nagano avait 77 % et Gumma 71 % de sériciculteurs :

	Familles d'agriculteurs	Sériciculteurs	°/o
Gumma	109.000	78.000	71
Saitama	165.000	100.000	61
Yamanashi . . .	78.000	55.000	70
Nagano	202.000	156.000	77
Gifu	143.000	84.000	59
Aichi	207.000	98.000	47
Total Japon . .	5.448.000	1.673.000	31

De plus, la pratique de la répétition des élevages est très répandue dans ces régions, et les récoltes d'automne y prennent une importance presqu'aussi grande que les éducations de printemps. Dans le département de Nagano, les éducations d'été ont même pris une importance considérable, égale à celle des éducations de printemps et d'automne.

Récoltes de cocons pendant les trois saisons en 1916 [1]) :

	Printemps	°/o	Eté	°/o	Automne	°/o	Total	°/o
Gumma . .	238.037	59,5	5.259	1,3	157,268	39,2	400.564	100
Saitama .	195.275	59,4	2.968	0,9	130.343	39,7	328.586	100
Yamanashi .	131.473	56,2	7.612	3,4	94.505	40,0	233.590	100
Nagano . .	275.554	34,4	238 547	29,8	287.743	35,9	801.844	100
Gifu . . .	139.758	49.2	39.423	13,9	104 934	36,9	284.115	100
Aichi . . .	200.987	45,5	75.635	17,1	165.382	37,4	442.004	100
Total Japon	3.066.164	53,7	616.210	10,9	2.026.089	34,4	5.708.463	100

[1]) « Informazioni Seriche », 20 Luglio 1917 et 20 dicembre 1917.

Pour de nombreux éducateurs de ces régions, la sériciculture est devenue l'occupation principale, à laquelle les travaux des champs sont subordonnés, une entreprise où la spécialisation confère à l'éleveur une habileté particulière. La sériciculture reste cependant, dans la grande majorité des cas, une occupation familiale, et l'embauche de main-d'œuvre supplémentaire n'a lieu que dans des circonstances spéciales. Cette main-d'œuvre est fournie en bonne partie par les ouvrières des filatures, qui sont licenciées au gros de la saison séricicole et qui retournent dans leurs familles.

Dans les autres provinces japonaises, la sériciculture est développée dans la mesure où les conditions économiques sont analogues à celles des provinces centrales: au nord, l'élevage du ver à soie se trouve seulement limité par la moindre croissance du mûrier; dans le midi, elle n'a encore qu'une position secondaire, subordonnée à la culture du riz, mais les paysans ont une prédilection de plus en plus marquée pour les élevages d'automne.

Les conditions de l'extension de la sériciculture. L'abondance de la main-d'œuvre n'est pas une condition suffisante de la production: le plus ou moins bon rapport de l'élevage, d'autre part la quantité disponible de feuilles de mûrier sont les deux autres facteurs qui décident de l'importance que peut prendre la sériciculture, et nous les examinerons dans les paragraphes suivants.

II. Le rapport de la sériciculture.

L'image que nous pouvons nous faire de l'économie de la sériciculture japonaise est nécessairement très imparfaite, étant donnée la vaste diffusion de cette occupation, dont le rendement diffère pour ainsi dire de ménage à ménage. Il est cependant possible de dégager les tendances générales qui modifient ce rendement dans le temps, en rapprochant quelques chiffres moyens et des résultats d'enquêtes effectuées en des temps et des lieux différents.

A) L'augmentation des frais de la production.

Les éléments principaux du coût des cocons sont la feuille de mûrier et le travail: la feuille de mûrier représente en moyenne 45 à 55 % des frais de la production et la main-d'œuvre 27 à 35 %. Quant aux autres frais variés, ils n'entrent dans le coût de revient que pour 10 à 27 %; ce sont: les frais de local, quand celui-ci doit être spécialement aménagé, la graine, les ustensiles pour l'élevage et le combustible quand le local doit être chauffé.

Dans le coût de revient de la sériciculture, il faut remarquer que, pour un grand nombre d'éducations, les critères purement économiques ne peuvent pas s'appliquer. Les ménages qui élèvent quelques grammes de graines à leurs moments perdus, avec les feuilles des mûriers qu'ils ont plantés en bordure de leur champ, ou dans des recoins inutilisables autrement, considèrent le produit de leur élevage comme un bénéfice net, obtenu presque sans débours, et ils ne calculent ni la rémunération de leur travail, ni celle de leurs mûriers. Dans l'ensemble, cependant, les paysans japonais ont appris à connaître la valeur de leur temps et de leurs mûriers. Pour beaucoup d'entr'eux, la sériciculture est devenue une occupation très importante, où les ouvriers reçoivent un salaire déterminé, et la feuille de mûrier a pris une valeur marchande, trouvant facilement un acquéreur et représentant un coût déterminé même pour celui qui emploie ses propres mûriers.

La feuille du mûrier représente de beaucoup la plus forte dépense pour la sériciculture japonaise, étant donnée la cherté relative de la terre et de ses produits par rapport à la main-d'œuvre [1]. La feuille de mûrier.

La plupart des sériciculteurs cultivent eux-mêmes le mûrier, mais la culture s'est de plus en plus spécialisée, et nombre d'éleveurs achètent tout ou partie de la feuille qu'ils emploient. Ceux qui ne possèdent pas l'argent nécessaire à son acquisition peuvent obtenir du crédit, non seulement de la part du vendeur de la feuille, mais aussi de la part des filateurs qui achètent les cocons. C'est ainsi que dans la province de Nagano, les sériciculteurs qui ont une production de plus de 30 kwan de cocons peuvent se faire avancer par les filateurs jusqu'à 50 % du prix espéré pour les cocons, d'après le nombre des cartons incubés, c'est-à-dire suffisamment pour couvrir les frais d'achat de la feuille.

La culture du mûrier, en se spécialisant, est entrée en concurrence avec les autres cultures japonaises, et la feuille n'a pu échapper au renchérissement général et continu de tous les produits du sol,

---

[1] En France, par exemple, la feuille de mûrier et la main-d'œuvre ont une importance presque égale dans le coût de la production: le mûrier en représente les 42%, et la main-d'œuvre les 38%: cf. Maillot et Lambert: Traité sur le ver à soie du mûrier. p. 19.

malgré les améliorations importantes réalisées dans ses méthodes de culture. Les prix de la feuille varient beaucoup d'un endroit à l'autre, d'après l'abondance de la récolte et la situation du marché des cocons. Il est difficile d'en donner un aperçu exact, mais les exemples suivants, pris dans les cotes des provinces centrales suffiront cependant pour donner une idée du renchérissement.

En 1884, Hirai[1]), citant Fesca, indique que dans le Yamanashi l'on pouvait obtenir en moyenne 15 à 16 kwan de feuille pour 1 yen. En 1900, le prix moyen de la feuille était évalué à 10 sen par kwan par Yamawaki[2]) c'est-à-dire que l'on ne pouvait plus obtenir que 10 kwan pour un yen. Enfin, en 1914, l'auteur d'une enquête soigneuse dans le Aichi[3]) donne un prix moyen de 16 à 20 sen par kwan (5—6 kwan pour 1 yen). Des prix de 30 à 50 sen par kwan (2—3½ kwan pour 1 yen) au début de la campagne séricicole, ne sont pas rares, et nous les avons trouvés plusieurs fois dans les cotes du Gifu et du Yamanashi en 1914 et 1916, années précédant l'inflation monétaire due à la guerre. L'élévation des prix a donc été régulière, et l'on peut estimer qu'avant la guerre mondiale, le prix moyen oscillait entre 12 et 24 sen.

La main-d'œuvre.

L'élevage du ver à soie n'exige que très peu de connaissances spéciales. Il est pratiqué en général par les femmes, et l'homme ne prête son concours que pour les travaux les plus pénibles: l'aménagement des chambrées, la cueillette du mûrier, etc. Le travail d'élevage a bien des analogies avec une occupation agricole, et la main-d'œuvre embauchée est recrutée principalement dans les ménages d'agriculteurs, la rémunération offerte ne différant pas sensiblement du salaire de l'ouvrier agricole ordinaire. L'ouvrier séricicole doit travailler journellement 10 à 12 heures, sans jour de repos pendant toute la durée de l'éducation, et son salaire comprend une partie en nature et une partie en espèces, c'est-à-dire qu'il est nourri et logé dans la famille du sériciculteur et qu'il reçoit en plus une petite somme d'argent qui varie avec les saisons et avec les provinces. Le salaire est le plus élevé pendant les mois d'été et le plus bas en automne; il atteint son maximum dans les provinces méridionales et dans quelques grands centres séricicoles des provinces centrales.

---

[1]) Hirai, Ueber die landwirtschaftlichen Verhältnisse Japans, p. 34.
[2]) « Japan in the Beginning of the XXth Century », p. 140.
[3]) « Informazioni Seriche », 4 febbraio 1915.

La valeur des prestations en nature a augmenté dans le temps avec la hausse progressive du prix des denrées alimentaires au Japon. Quant au salaire en espèces, la statistique japonaise nous donne sa valeur moyenne annuelle et illustre ainsi son augmentation régulière. Cette augmentation s'explique principalement par la baisse de la valeur libératrice de la monnaie au Japon, entraînée jusqu'en 1897 par la dépréciation du métal argent; les prix ont continué à monter ensuite, avec l'industrialisation du pays, et, de 1900 à 1913, par ex., le nombre indicateur général japonais a passé de 100 à 133.

	Salaires des ouvriers séricicoles en sen [1]	
	Femmes	Hommes
1887	10	15
1892	12	17
1900	20	31
1905	23	29
1910	27	43
1913	28	50
1916	28	47
1918	46	72

Les frais de local sont en général réduits à leur simple expression, puisque l'éleveur emploie sa propre maison sans y introduire de modifications spéciales, et que le nombre des grandes magnaneries est peu élevé. La construction est très simple au Japon, où la maison consiste essentiellement en quelques poteaux supportant la toiture et où les parois sont formées de minces paravents glissant dans des coulisses; les frais d'amortissement sont donc peu élevés.

Les divers ustensiles pour l'élevage, tels que plateaux, filets, supports, exigent une dépense initiale qui n'est point minime, mais qui se répartit sur de nombreuses éducations. Ils peuvent d'ailleurs être loués à chaque saison, contre une rémunération modique.

La graine de vers à soie, qu'il ne convient pas au sériciculteur de préparer lui-même, est une dépense qui revient à chaque saison: le carton de 28 pontes (environ 1/4 d'once) coûtait avant la guerre de 50 à 70 sen suivant la qualité.

---

[1] « Financial and Economic Annual of Japan », 1900—1920.

Enfin, la dépense pour le combustible varie suivant les saisons et les méthodes d'éducation; elle n'entre en ligne de compte que pendant les élevages de printemps.

Dans l'ensemble, les frais généraux ont suivi le renchérissement général du prix des marchandises, mais leur importance relative dans les frais de la production a pu diminuer grâce aux améliorations de la technique des élevages.

Les prix des cocons ont-ils suivi l'augmentation des frais de la production? D'une façon générale, ils se sont élevés régulièrement, — à peu près parallèlement aux prix de la soie —, laissant des bénéfices suffisants aux sériciculteurs. Pourtant, dans les années précédant la guerre mondiale, les prix de la soie et des cocons sont restés bas pendant longtemps, les cotes de 1910 à 1912 ne dépassant pas celles du début du siècle:

Prix moyen des cocons par koku en yen [1]):

1899	. . . 35	1913	. . . 41
1904	. . . 34	1914	. . . 40
1909	. . . 36	1915	. . . 33
1910	. . . 34	1916	. . . 48
1911	. . . 35	1917	. . . 66
1912	. . . 35		

Le rapport de la sériciculture aurait-il diminué pendant cette période? Son grand développement aurait-il été dû simplement à la diminution du rendement économique des autres industries concurrentes?

Nous ne le croyons pas, car un autre facteur est venu influencer favorablement le rapport de la sériciculture: le progrès de la technique, qui a permis une meilleure utilisation et une économie notable de la main-d'œuvre et de la feuille de mûrier. Nous en étudierons l'aspect le plus important: l'amélioration de la graine du ver à soie.

B) Les améliorations techniques: le grainage.

Le rendement net d'une éducation de vers à soie dépend dans une forte mesure de la quantité de cocons obtenus avec une quantité déterminée de feuilles de mûrier et de main-d'œuvre, ainsi que

---

[1]) Prix moyens obtenus en divisant les chiffres de la valeur totale des cocons produits par leur quantité. « Résumé statistique de l'Empire du Japon ». Années 1900—1918.

de la qualité de ces cocons qui influence leurs prix. C'est donc vers une amélioration quantitative aussi bien que qualitative de leurs éducations que tous les sériciculteurs font tendre leurs efforts.

La quantité de cocons obtenue avec une quantité déterminée de graine s'appelle le rendement de la graine et elle dépend d'une part de la bonne marche de l'éducation, d'autre part de la race qui est élevée. La quantité.

Les vers sont attaqués par de nombreux fléaux durant leur vie de larve, animaux de toutes sortes et maladies variées : grasserie, muscardine, flacherie et pébrine, et il n'appartient que partiellement à l'éducateur de les en protéger. Les soins intelligents peuvent éloigner les rats et les insectes parasites (mouche oudji), prévenir les maladies épidémiques telles que la grasserie et la muscardine, mais ils ne peuvent remédier à la faiblesse de constitution ou aux tares héréditaires des vers issus de papillons atteints de flacherie ou de pébrine. Ces deux maladies sont les maux les plus redoutables dont souffrent les vers à soie, et les éleveurs, comprenant toute l'importance d'une graine de bonne qualité, ont de bonne heure cessé de la préparer eux-mêmes, mais ils se sont adressés à des spécialistes qui obtiennent la graine dans les meilleures conditions possibles de climat et d'hygiène. Il y avait déjà, en 1860, des graineurs spécialisés dans le Sinshiu et le Fukushima, et la demande européenne pour la graine japonaise fit prendre un grand développement à l'industrie du grainage.

Les mémorables études de Pasteur sur la propagation de la pébrine, ont apporté à partir de 1871 des méthodes scientifiques aux graineurs, et remplacé leur empirisme par des règles efficaces qui permettent de combattre la maladie et d'en éliminer le pouvoir destructeur. Les découvertes de Pasteur peuvent être résumées ainsi : les vers à soie qui naissent d'œufs pondus par une femelle indemne de la pébrine accompliront tout le cycle de leur existence et fourniront des cocons, même s'ils contractent la maladie au cours de leur vie. Par contre, les vers issus de parents malades périront presque toujours avant de filer leur cocon. Il suffit donc, pour les élevages en vue du cocon, d'employer de la graine non contaminée. Le graineur se charge de la procurer, en détruisant la semence déposée par des femelles malades, qu'il découvre par l'examen microscopique *post mortem* de toutes les femelles.

Le gouvernement japonais a fait de gros efforts pour répandre les procédés scientifiques, et aujourd'hui le microscope est un instrument indispensable de tout graineur professionnel. La loi de 1905 sur le grainage a beaucoup fait pour diminuer les ravages de la pébrine, et le nombre de papillons qui en sont atteints diminue d'année en année. L'on estime que seulement 10 à 20 % [1] au maximum des papillons sont infectés, alors que la proportion est de 90 % en Chine, où les procédés scientifiques ne sont pas encore répandus. Une statistique des papillons de reproduction, rejetés à l'examen dans la préfecture de Kanagawa, nous montre leur rapide diminution après 1905:

1905	24 % [2]	1910	8 %
1906	18 %	1911	5 %
1907	14 %	1912	8 %
1908	17 %	1913	4 %
1909	15 %	1914	3 %

Aussi, le rendement en cocons de chaque carton de vers à soie montre une évolution très favorable; bien qu'entachées d'erreurs par suite de l'inégalité des cartons et de leur relevé sans doute incomplet, les statistiques officielles n'en donnent pas moins l'allure générale des variations, car les mêmes erreurs doivent se répéter chaque année.

Rendement en kokus par carton de graines [3]:

	moyenne générale	Récoltes		
		de printemps	d'été	d'automne
1887—93	0,533	—	—	—
1893	0,547	—	—	—
1902	0,682	0,727	0,514	0,557
1908	0,775	0,891	0,713	0,601
1910	0,806	0,950	0,747	0,602
1914	0,866	0,983	0,841	0,706
1917	1,039	1,185	0,996	0,893
1919	1,147	1,338	1,054	0,995
1920	1,107	1,217	1,112	0,991

Les meilleurs rendements sont obtenus au printemps; mais les rendements d'été et d'automne augmentent aussi rapidement

---

[1] « American Silk Journal », July 1920, p. 58.
[2] « Informazioni Seriche », No 22, dicembre 1914 et 20 febbraio 1915.
[3] Un carton industriel contient les pontes de 100 femelles, soit environ une once de graines de 25 à 30 grs et 1 koku = 3,75 kgs. de

grâce à l'adaptation des races au milieu, et à la meilleure conservation de la semence.

La qualité des cocons obtenus dépend aussi essentiellement *La qualité.* de la graine employée, car tous les caractères du ver à soie sont héréditaires. Ici encore, le grainage a fait faire de grands progrès à la sériciculture japonaise. La sélection a amélioré le rendement en soie des cocons, et le remplacement progressif des anciennes races japonaises par des races étrangères, et croisées, qui est en train de s'accomplir, signifie une nouvelle étape dans les progrès réalisés.

En 1913 et 1914, la grande majorité des cocons était encore produite avec des graines indigènes; en 1917, déjà 38,9 % des cocons produits provenaient de graines étrangères, et 69,1 % en 1919, dont 54,7 % à cocons blancs et 14,4 % à cocons jaunes.

Production de cocons en kokus [1]):

	1917	%	1919	%
De graines japonaises	3.884.979	61,1	2,248.016	30,9
» » étrangères	2.470.223	38,9	4.971.572	69,1

L'élevage des races étrangères monovoltines réclame plus de soins que celui des races indigènes, car les vers sont plus délicats et ne s'accommodent qu'avec difficulté de l'humidité du climat japonais. Les races européennes pures en particulier, dégénèrent rapidement et l'importation annuelle de graine fraîche est rendue nécessaire. Quelques hybrides ont cependant réussi à s'acclimater parfaitement et donnent d'excellents résultats. Les plus connus ont reçu le nom de Koseki-Maru (à cocon jaune) et de Sanryu-Mata (à cocon blanc) [2]).

Les nouvelles espèces ont de gros avantages sur les espèces indigènes. Leur bave est plus longue et plus tenace, et le cocon, d'un dévidage bien supérieur, fournit moins de déchets. Aussi ces cocons sont-ils très recherchés par les filateurs qui leur accordent une prime importante sur les cocons ordinaires. L'avantage ne gît pas seulement dans la qualité mais aussi dans la quantité pro-

cocons. Les statistiques suivantes sont empruntées pour 1887—93 et 1893 à Spörry: „Japans Produktion etc." pour 1902 à 1910 au « Report of the Minister of Agriculture and Commerce » de Tokyo 1914, et pour 1914—1920 aux « Informazioni Seriche » du 5 ottobre 1921, reproduisant les statistiques officielles.

[1]) « Informazioni Seriche », 20 dicembre 1918 et 5 ottobre 1920.

[2]) Cf. les articles de Mr. Taguchi publiés dans le « American Silk Journal » au cours de l'année 1920.

duite: les vers étrangers, il est vrai consomment davantage de feuilles que les vers indigènes, mais par contre la quantité de cocons produite est beaucoup plus élevée et le douppionnage moins marqué. Comme illustration de ce fait, nous reproduisons les résultats d'une expérience faite en 1914 avec des vers de race japonaise et avec le nouvel hybride Koseki-Maru[1].

Dans les mêmes conditions d'élevage, l'on obtint avec une momme (3gr,75) de larves au moment de l'éclosion:

	avec la race nationale japonaise	avec le Kosekimaru
Cocons de 1ère qualité . . kwan	3,5	4,7
» » 2me » . . »	0,2	0,1
» doubles . . . . »	0,5	0,1
Total kwan	4,2	4,9
Consommation de feuille . kwan	48,2	54,5
Prix par kwan . . . . . . yen	5,42	6,18

L'amélioration de la qualité s'est déjà fait sentir dans la diminution des douppions et des cocons de mauvaise qualité de la production japonaise: en 1907 les 81 %, en 1916 déjà les 84 % des cocons produits étaient de bonne qualité. Mr. Taguchi estime dans le « American Silk Journal » que la généralisation de l'usage des meilleures graines réussirait à faire doubler la production des cocons, sans augmenter les plantations de mûrier ou le nombre des sériciculteurs.

La sériciculture japonaise souffre aujourd'hui de la trop grande variété des espèces de vers à soie élevées, dont le nombre était évalué à plus de 1.200 en 1905, car la différence entre les cocons d'une même région rend très difficile l'obtention d'une soie de nature uniforme. Le gouvernement japonais a entrepris l'œuvre d'unification des races, et se propose de ne conserver que les espèces les mieux adaptées. L'entreprise n'est pas facile, car le milieu a tendance à modifier les propriétés héréditaires du ver à soie, ainsi que des expériences l'ont démontré[2]). Le rendement, la finesse de la bave, etc., changent pour une même race avec le lieu et la méthode d'élevage, et il n'est pas possible d'obtenir l'unification de la race pour tout le pays. Celle-ci ne peut être que régionale, et c'est pourquoi le travail d'uniformisation

[1]) « Informazioni Seriche », dicembre 1914, No 22.
[2]) Cf. O. Colombo: Sunto delle lezioni etc. 14—1 ss.

a été confié en 1919, par le gouvernement japonais, à un Institut de Sériciculture possédant 6 sous-stations dans les principaux centres séricicoles [1]). Cette uniformisation est d'ailleurs aidée par la tendance à la concentration des établissements de grainage, dont le nombre diminue d'année en année.

Nombre de familles élevant des vers à soie pour la reproduction:

1894 . . .	48.611	1915 . .	11.810
1898 . .	24.362	1919 . .	10.176
1905 . .	14.189 [2])		

Les progrès du grainage ont, selon nous, contribué dans une large mesure à compenser l'élévation du prix de la feuille du mûrier et de la main-d'œuvre séricicole. Ces progrès ne sont point encore arrivés à leur terme, mais ils continueront sans doute dans l'avenir à améliorer le rapport de la sériciculture et à augmenter sa production.

C) Le bilan du sériciculteur.

Les résultats de deux enquêtes, effectuées à 15 ans de distance, et offrant de bonnes garanties d'exactitude, permettent d'illustrer par quelques chiffres les tendances récentes dans la sériciculture japonaise:

1. Bilan d'un sériciculteur en 1901 [3])
(élevage de printemps):

	yen	%
Feuille: 200 kwan, (10 sen par kwan) . .	20.—	46
Main-d'œuvre { 5 hommes à 30 sen . 30 femmes à 20 sen . }	7.50	27
Pension des ouvriers (12 sen par tête) .	4.20	
Graine: 1 carton de 100 pontes . . .	1.50	27
Charbon, etc.	5.—	
Loyer: maison et ustensiles	4.80	
Intérêt 7% sur le capital circulant pour deux mois	—.446	
	43.446	100

---

[1]) La Station Impériale d'Expériences Séricicoles de Nakano (Tokyo), et de Kyoto a 6 sous-stations à Ayabe, Mayebashi, Fukushima, Ichinimiya, Matsumoto et Kumamoto.

[2]) En 1905 fut promulguée une loi sur le grainage exigeant la sélection microscopique.

[3]) Donné par Yamawaki: Japan in the Beginning of the XXth Century.

Production: yen

	yen
Cocons 1er choix: 8 To [1]) à yen 4.50	36.—
Cocons moyens, 3me classe, percés	5.75
Chrysalides	1.80
Branches et litières	1.—
	44.55

2. Bilan typique de 1914 pour le département d'Aichi [2])
(élevage de printemps):

	yen	%
Feuille: 180 kwan, (environ 16 sen par kwan)	28.71	47
Main-d'œuvre (45 personnes à 45 sen)	20.25	33
Graine: 3 cartons [3]) (84 pontes)	2.10	
Charbon, paille, etc.	3.—	
Loyer maison	2.—	20
Location ustensiles	2.50	
Désinfectant	0.50	
Divers	2.—	
	61.06	100

Production:

	Yen
Cocons 1er choix, kwan 11.952 à yen 4.197 par kwan [4])	50.62
Cocons 2me et 3me choix	4.40
Litière, branches et chrysalides	6.50
	61.52

Dans les deux cas, les quantités de graine incubée sont à peu
près les mêmes: 100 pontes dans le premier, 84 pontes dans le
second, et les quantités de feuille de mûrier se correspondent:
200 kwan et 180 kwan respectivement. La feuille de mûrier
comme la main-d'œuvre ont augmenté de prix, mais le coût de la
production des cocons de 1ère qualité a plutôt diminué, passant
de 4,50 yen par to (= kwan) à 4,20 yen par kwan. La part du
mûrier dans le coût de production est restée la même; quant aux
frais généraux, grâce à l'amélioration du rendement, ils ont diminué d'importance, permettant une rémunération plus forte de
la main-d'œuvre.

---

[1]) 1 To = 1/10 koku = 1 kwan de cocons.
[2]) Publié par le «Chugay Shogyo» du 7 décembre 1914 et re-
produit par les «Informazioni Seriche», 4 febbraio 1915.
[3]) 3 cartons de 28 pontes, soit 84 pontes.
[4]) Ce prix représente le coût de production et non le prix de vente.

III. La culture du mûrier.

Le mûrier n'est pas un arbre difficile, et il s'accommode bien du sol et du climat japonais. Il prospère sur toute la superficie du Vieux-Japon, où l'espèce la plus répandue est le Morus Alba, dont on cultive plusieurs variétés, mais la richesse en feuilles varie naturellement d'une extrémité à l'autre de la péninsule, avec le climat, la bonté du terrain et les méthodes de culture. Les terres d'où l'eau peut s'écouler facilement conviennent le mieux à l'arbre à soie, que nous rencontrons surtout en pays de collines, sur les digues de séparation des rizières et dans tous les recoins inutilisables pour d'autres cultures.

L'on estimait en 1915, à 82.000 chos (ha) l'étendue des mûriers plantés sur des terrains autrement sans emploi, en bordure des chemins ou des champs, sur les talus des voies ferrées, etc. Mais cette catégorie d'arbres n'a augmenté que lentement au cours des 20 dernières années (elle comptait déjà 76.000 chos en 1895), et la majeure partie des mûriers est en concurrence directe avec les autres cultures japonaises.

L'étendue totale des mûriers montre la progression suivante:

        1889 . . . . . . 219.000 chos
        1900 . . . . . 300.000   »
        1910 . . . . . 443.000   »
        1918 . . . . . 509.000   »

Pour les années antérieures à 1889, nous ne possédons que des estimations: Hattori[1] indique pour 1881 le chiffre de 102.000 chos et la « Bank of Japan »[2] donne 93.000 chos pour 1884. En 1918, le mûrier occupait environ les 8,5 % des terrains arables japonais.

Le paysan japonais, une fois entré dans le régime capitaliste, s'est vite entendu à faire des calculs de rendement comparatif, car il vend presque tous les produits de sa récolte, même le riz qu'il cultive, ne pouvant s'accorder pour sa propre consommation que des aliments de qualité inférieure. Les prix du marché décident de la culture, et l'on est surpris, en consultant les statistiques officielles, de la rapidité avec laquelle augmente ou diminue la

---

[1] Hattori, Y, « The foreign commerce of Japan since the Restauration », p. 34.
[2] Bank of Japan. « The recent economic development of Japan » Art. Sericulture.

5*

production d'une denrée dont les prix ne suivent pas le mouvement général. Or, les rendements pécuniaires de l'agriculture n'ont cessé d'augmenter: les prix de tous les produits agricoles sont en progression continue, et les rendements du sol se sont aussi fortement améliorés grâce aux progrès techniques de la culture. Prenons, par exemple, l'orge et le froment qui croissent dans les mêmes terres que le mûrier. Le nombre indicateur de l'orge a passé de 100 en 1887, à 172 en 1901, et 225 en 1910, le nombre indicateur du froment de 100 à 179 et à 261. Quant à la production de ces céréales par tan (environ $1/10$ d'hectare) de terrain, elle a passé pour l'orge de 1,13 koku en 1887, à 1,38 koku en 1901 et 1,71 koku en 1917, et pour le froment de 0,78 koku à 0,90 et 1,19 koku pour les mêmes années.

Pour que la culture du mûrier ait pu s'étendre pendant la période considérée, il faut donc que son rapport ait au moins marché de pair avec celui des autres cultures. L'augmentation déjà notée du prix de la feuille, mais aussi et surtout l'intensification de la culture ont permis d'atteindre ces résultats.

La plantation du mûrier contient toujours un élément spéculatif. La feuille est une marchandise qui doit s'employer immédiatement et ne peut être conservée d'une saison à l'autre; le bétail, qui se nourrit volontiers de la feuille de mûrier est très rare au Japon, et la possibilité de son utilisation est réduite à la seule alimentation du ver à soie. Que s'abaisse le prix des cocons, que se réduise le nombre des cartons mis à incubation, et le prix de la feuille tombe rapidement. Aussi, le cultivateur redoute-t-il l'excès de la production; dans sa prudence, il n'augmente qu'avec précaution l'étendue de la culture, et celle-ci a toujours progressé plus lentement que la sériciculture, ce qui explique l'augmentation du prix de la feuille.

Le paysan, suivant en cela la tradition japonaise, et limité d'ailleurs par l'exiguité de ses champs, a généralement préféré faire face à la demande en augmentant la production de ses arbres par une abondante dispensation d'engrais, et par l'amélioration des méthodes de la culture.

Les méthodes de culture.

Le mûrier est, en effet, un arbre dont le rendement en feuilles peut être beaucoup influencé par la méthode de culture. Laissé à sa croissance naturelle, il se développe lentement, et il n'atteint le maximum de sa production qu'au bout d'une vingtaine d'années. Cinquante ou soixante mûriers au maximum peuvent croître sur un tan de terrain, s'ils sont laissés à leur plein développement. Mais la production peut être sensiblement augmentée par un émondage rationnel: les arbres taillés, plus petits, peuvent être rapprochés les uns des autres, et ils fournissent plus rapidement leur maximum de feuilles.

Au Japon, la pratique de l'émondage des arbres a été poussée très loin: l'on y distingue la culture en haute tige du mûrier (Takagari), où le tronc a deux ou trois mètres de hauteur, la culture en basse tige (Négari) où le tronc n'atteint que quelques centimètres, et la forme naine, où le tronc est coupé au ras du sol. Les mûriers en basse tige et à forme naine exigent un travail très intense, et une fumaison fréquente; d'autre part les mûriers sont plus exposés aux maladies et au gel. Mais l'on peut planter jusqu'à 600 mûriers en basse tige sur un tan, et même un nombre supérieur de mûriers nains, qui donnent au champ l'aspect d'une véritable prairie (d'où l'appellation italienne prato gelso). La cueillette de ces arbres est très simplifiée, car les rameaux sont coupés tout entiers; la feuille peut ainsi être conservée fraîche pendant longtemps, et même subir de longs transports. Les formes naines ont aussi l'avantage d'avoir une végétation rapide: elles sont précoces au printemps, et les rameaux repoussent très vite, si la température est suffisamment chaude et les précipitations atmosphériques abondantes, donnant jusqu'à 3 récoltes de feuilles dans l'année. C'est ainsi qu'à la station expérimentale de Nagoya, l'on a pu obtenir sur un tan planté de mûriers nains 400 kwan de feuilles au printemps, 150 en été et 250 en automne[1]).

Là où le climat le permettait, la forme arborifère a de plus en plus fait place au Japon aux formes en basse tige et aux formes naines, dont la feuille a pu être bien employée, grâce à la généralisation de la pratique des 3 éducations de vers à soie. Celle-ci, en rendant possible une meilleure utilisation du terrain par le mûrier, a permis de répartir les frais de la culture sur plusieurs récoltes, et elle a ainsi amélioré le rapport de la culture dont elle favorisait l'extension. Les meilleures méthodes de culture du mûrier, jointes à l'économie de feuilles réalisée par le meilleur graînage, ont permis d'atteindre ce résultat très important pour la sériciculture japonaise:

L'intensification
de la culture.

---

[1]) King, Farmers of forty centuries, p. 315.

de 1913 à 1916 la production des cocons a pu augmenter de 2.587.000 kokus à 5.708.000 kokus, c'est-à-dire de 121%, tandis que l'étendue cultivée en mûrier a passé seulement de 319.000 chos à 465.000 chos, n'augmentant que de 46%.

L'idéal de l'agriculture japonaise étant l'utilisation maxima de travail pour une étendue donnée de terrain, les progrès réalisés par la culture du mûrier et l'élevage du ver à soie, ont accentué la convenance de ces occupations pour le Japon.

L'émondage du mûrier n'est pas possible partout avec la même rigueur. Dans les provinces du nord, et partout où le climat est rude et sec, la croissance de la végétation est lente, et les blessures infligées par un émondage radical ne pourraient se cicatriser suffisamment: la forme en haute tige des mûriers doit être adoptée et la cueillette des feuilles effectuée à la main. Par contre, dans les provinces centrales du Japon comme au sud, prédominent aujourd'hui les cultures à fort émondage, et les arbres atteignant leur plein développement sont des vestiges du passé. Cette intensification de la culture a d'ailleurs souvent été la conséquence nécessaire de l'insuffisance du terrain relativement à la demande pour la feuille. La description suivante, empruntée à une relation de voyage du docteur de Cavazzani illustre par ex. le développement énorme pris par la culture du mûrier dans les départements de Saitama, Gumma et Nagano [1]:

«L'estensione della gelsicoltura in tutta questa vasta regione
«è superiore ad ogni immaginazione. I gelsetti specializzati si
«distendono ininterottamente a perdita di vista, i vari campi sotto
«diversa coltura sono contornati pure da siepi di gelso, le strade
«ne sono fiancheggiate, per la sua coltura si utilizza ogni più piccolo ritaglio di terreno, qua e là anche le banchine della ferrovia
«..... Ai mari di verzura formati dai gelsetti di piena vegetazione,
«si alternano teorie sconfinate di solchi regolari di fresco zappati
«macchiettati dalle ceppaie da poco tagliate. In queste regioni
«i gelsi sono piantati tanto vicini che talvolta le ceppaie invecchiando finiscono quasi a toccarsi, ed i filari stessi sono pure
«tanto ravvicinati, che quando i gelsi sono vegetanti, formano uno
«stratto di verdura compatto».

[1] Publié par les «Informazioni Seriche», 15 agosto 1914, p. 21.

Par rapport aux terrains cultivés, voici quelle était la proportion des mûraies dans les principaux départements séricicoles (année 1913)[1] :

Gumma	33,2 %
Yamanashi	27,5 %
Nagano	27,0 %
Fukushima	24,6 %
Gifu	16,1 %
Saitama	15,0 %
Aichi	12,9 %
Total japonais	7,8 %

A eux seuls, les départements de Saitama, Gumma, Nagano, Aichi et Yamanashi, au centre de Hondo, possèdent environ 1/3 de tous les mûriers, et pourtant la production de la feuille est insuffisante pour les besoins des sériciculteurs de ces régions qui doivent en importer encore des régions environnantes (par ex. du Shidzuoka). La feuille est expédiée par bateau et par voie ferrée, encore attachée aux rameaux, dont les extrémités sont entourées de terreau humide maintenu par de la paille.

La culture du mûrier en formes fortement émondées nécessite beaucoup de soins de la part des agriculteurs, et un emploi très abondant d'engrais, faute duquel les mûriers dépérissent ou ne fournissent que peu de feuilles. La fabrication des engrais artificiels est devenue une industrie japonaise importante qui supplémente la production des engrais naturels, faible par suite du manque de bétail, mais leurs prix restent cependant très élevés, et ils entrent, dans une forte proportion, dans le coût de production du mûrier. Alors qu'en 1884 Fesca[2] estimait la dépense pour les engrais à environ 18 % du coût de production (2,60 yen par tan) une enquête dans l'Aichi indiquait, en 1914, leur importance à 32 % du coût de production (15 yen par tan) sur les terres où est pratiquée la culture intensive. Le danger de cette évolution est d'exiger beaucoup d'argent liquide de la part du paysan, et de l'obliger souvent à s'endetter. Dans les mauvaises années, il néglige de bien fumer ses arbres au détriment de leur santé et de leur rendement.

Conséquences de
l'intensification
de la culture.

[1] Calculé d'après les statistiques officielles japonaises.
[2] Fesca cité par Hirai «Ueber die landwirtschaftlichen Verhältnisse Japans», p. 34.

Même avec des soins attentifs, l'émondage radical des arbres, et la cueillette répétée des feuilles ne sont pas sans affaiblir à la longue la constitution des mûriers. Les arbres deviennent la proie du rachitisme, et leurs branches, alors très flexibles, ne fournissent plus que des feuilles minuscules; ils doivent souvent être remplacés par des plants nouveaux, et chaque année 500 millions de pourettes (jeunes plants de mûriers) sont fournies à cet effet par les pépinières japonaises. Une enquête, effectuée en 1916, a montré que les 12,13 % des mûriers japonais étaient atteints de rachitisme[1]), et la proportion des mûriers malades variait comme suit dans quelques provinces typiques:

	Superficie totale chos	% malades
Fukushima	41.268	6,48
Yamagata	23.822	9,52
Saitama	25.588	14,39
Gumma	35.313	13,02
Aichi	22.831	25,63
Yamanashi	17.367	6,47
Nagano	47.981	9,36
Gifu	17.841	21,44
Miye	10.931	46,17
Tokushima	2.916	44,88

Les départements du nord (Fukushima et Yamagata), où l'émondage est le moins pratiqué, sont aussi le moins atteints par la maladie, tandis que les départements méridionaux, où la culture naine s'est généralisée en souffrent le plus. Dans le département de Tokushima, par exemple, les 44,88 % des mûriers étaient malades en 1916, et nous voyons ainsi de quelle façon a été payée l'augmentation remarquable de la production des cocons de cette province, par unité de surface: le rendement en cocons par tan de mûrier avait passé en effet de 0,825 koku en 1907 à 1,031 koku en 1910 et 1,275 en 1912, pour redescendre déjà à 1,200 koku en 1914[2]).

Avec l'épuisement des mûriers, diminue naturellement leur rendement en feuilles. D'après Mr. Haga, chef de la Section de Sériciculture au ministère de l'agriculture et du commerce japonais, un tan de mûriers en bonnes conditions devrait produire en une année normale 700—800 kwan de feuilles, or, trop souvent,

---

[1]) « Informazioni Seriche », Suppl. 13 du 15 Agosto 1917.
[2]) « Informazioni Seriche », 15 maggio 1915, p. 241.

le rendement est seulement de 200 à 300 kwan, et en 1913 bien des mûriers donnèrent moins de 200 kwan par tan [1]). La faute en est, d'après le «*Osaka Mainichi*» [2]), à une cueillette trop peu rationnelle: au lieu de dépouiller les mêmes arbres à chaque saison et de les épuiser, il serait préférable de les laisser se reposer alternativement et d'obtenir ainsi au moins 1200 kwan pour 3 tans, au lieu de seulement 1000 kwan, soit 20 % de plus.

Le mûrier est atteint au Japon par les maladies qui l'attaquent dans les autres pays ainsi que par divers insectes, mais dans l'ensemble, ces maux ne présentent pas trop de gravité, grâce aux bons soins prodigués aux arbres. Les gelées tardives du mois d'avril causent fréquemment du tort, particulièrement aux mûriers nains rapprochés du sol, mais à cause de la vaste étendue du Japon en latitude, leurs dommages ne sont que locaux, et elles ne peuvent pas mettre en danger la récolte totale. De toutes les méthodes de protection employées contre le gel: fumigation, enveloppage avec de la paille, arrosage, toiturage, etc., seul le toiturage, c'est-à-dire la couverture de tout le champ avec du papier enduit de colle ou avec des nattes, a démontré son efficacité. Il a cependant l'inconvénient de revenir assez cher, et son emploi n'est pas encore généralisé.

A titre d'exemple, nous reproduisons les chiffres moyens du coût de production de la feuille fournis par deux enquêtes de 1914 dans le département de Aichi [3]).

Le coût de production du mûrier.

Pour 1 tan (¹/₁₀ hectare) de mûrier	Yen	Yen
Impôts et rente	10.—	12.—
Engrais	6.40	15.—
Main-d'œuvre	13.80	18.—
Bénéfice	9.20	2.—
Divers	—	3.—
Total	39.40	50.—

La différence entre les deux estimations provient du plus ou moins grand emploi d'engrais: dans le premier cas l'on obtenait 220—230 kwan de feuille, dans le second environ 280 kwan.

La production de la feuille de mûrier dépendra à l'avenir à la fois de l'extension et de l'intensification de la culture.

L'avenir de la culture du mûrier.

---

[1]) «Informazioni Seriche», 1 gennaio 1914, p. 34.
[2]) Cité par «Informazioni Seriche», novembre 1914, p. 40.
[3]) «Informazioni Seriche», 4 febbraio 1915 et 30 ottobre 1915.

Des personnes compétentes ont déjà donné leur avis sur l'extension possible de la culture du mûrier. En 1913, la Chambre de Commerce de Yokohama estimait qu'il y avait encore 650.000 cho de terres incultes convenant bien au mûrier[1]), ce qui aurait permis de plus que doubler l'étendue cultivée en 1912, qui s'élevait à 430.000 cho (508.000 en 1918). L'ingénieur Caviglia avait fait en 1910 une estimation plus faible: 300.000 hectares[2]), mais qui laissait elle aussi une marge importante à l'augmentation de la culture. Il ne faut cependant pas perdre de vue que cette extention de la culture est surtout possible dans les régions où le développement actuel n'est pas encore très fort, c'est-à-dire dans les provinces où, par raison de la main-d'œuvre la sériciculture ne s'est pas beaucoup développée; dans les régions séricicoles au contraire, nous avons vu que la culture a déjà été poussée souvent jusqu'à son extrême limite, et le mûrier pour s'étendre devrait remplacer des cultures alimentaires aujourd'hui plus rémunératrices que lui. Seule une augmentation sensible du rapport des plantations de mûrier pourrait amener ce résultat, et l'extention de la culture dépend plutôt de conditions économiques que de la surface disponible.

Quant à l'intensification de la culture, elle peut encore réaliser des progrès importants; l'emploi des meilleures méthodes préconisées par le « *Osaka Mainichi* » peut augmenter beaucoup le rendement en feuilles, et c'est à répandre les connaissances nécessaires que s'emploient les experts gouvernementaux et les associations séricicoles dont nous aurons encore à étudier l'activité.

Dans l'ensemble, l'augmentation de la production de feuilles va au devant de difficultés, mais la sériciculture japonaise ne semble pas exposée à en manquer dans un avenir rapproché.

---

[1]) Bulletin des Soies et des Soieries, 7 juin 1913.
[2]) Ibid., 9 Octobre 1911.
Nous rappelons que 1 cho est à peu près équivalent à 1 Hectare.

§ 2. La Filature.

I. La situation générale de la filature.

La principale raison du succès de l'industrie soyeuse japonaise a été, nous l'avons vu, son pouvoir d'adaptation aux besoins du marché américain. Cette adaptation a été réalisée grâce à la création d'une industrie moderne de la filature, outillée pour fournir les qualités et les quantités réclamées.

Le filage de la soie n'est pas en lui-même une opération compliquée : il consiste essentiellement à dévider simultanément plusieurs cocons dont les différentes parties de la bave sont décollées par immersion dans de l'eau chaude, et à réunir les différents filaments élémentaires en un fil unique et continu, qui constitue le fil de grège. La difficulté est d'obtenir un fil de titre (d'épaisseur) uniforme, et sans défauts. Le filament soyeux formant le cocon, et dont environ 600 mètres sont dévidables, a en effet un titre décroissant de la périphérie au centre et il se rompt fréquemment pendant l'opération de la filature. La fileuse a pour tâche principale de rattacher habilement les brins rompus et de compenser adroitement le titre des différents brins en maintenant une proportion convenable entre les cocons neufs et les cocons à demi dévidés. Aucune machine n'est encore arrivée à remplacer de façon satisfaisante ce travail délicat de la fileuse, dont l'art continue à avoir une influence décisive sur la qualité de la soie obtenue.

L'appareil le plus simple, employé au début dans tous les pays séricicoles, comprend un récipient contenant de l'eau maintenue chaude par un brasier pour la macération des cocons et un dévidoir ou asple plus ou moins perfectionné, en bois ou en roseau, sur lequel s'enroule le fil de grège. Le plus souvent la fileuse prépare elle-même dans sa bassine (déblaze) les cocons qu'elle va filer et actionne l'asple à la main. La soie obtenue de pareille manière est fort inégale en général, car il est difficile de maintenir constantes la température de l'eau et la vitesse de l'asple, et l'attention de la fileuse est distraite par les occupations accessoires. Les quantités de soie produites sont très faibles, s'élevant parfois seulement à 100 et 150 grammes par journée de travail.

Quelques imperfections de la soie peuvent être écartées en la soumettant à un redévidage minutieux, mais il a fallu perfectionner directement les procédés de filature pour donner satisfaction aux fabricants.

Des améliorations importantes ont été apportées sous plusieurs rapports : par le chauffage de l'eau des bassines à la vapeur, qui la maintient à température constante ; par la motion mécanique et régulière de l'aspe ; par l'emploi d'un appareil croiseur destiné à donner plus de cohésion aux filaments constitutifs de la soie ; enfin par la division croissante du travail qui a ôté à la fileuse les opérations accessoires et lui permet de se concentrer sur le jet des brins. L'application de ces perfectionnements a permis non seulement d'améliorer sensiblement la qualité de la soie, devenue plus régulière, mais encore d'augmenter notablement la quantité produite par ouvrière et par bassine.

Dès 1830, il y avait, en France des filatures où l'eau des bassines était chauffée à la vapeur et les dévidoirs actionnés par la force hydraulique. Par contre les premières soies exportées du Japon en 1859 étaient produites encore par les paysannes qui avaient elles-mêmes élevé les vers à soie, et au moyen de procédés depuis longtemps abandonnés en Europe. Elles ne satisfirent point les acheteurs, et de nombreuses réclamations contre l'irrégularité et le manque de netteté de la soie affluèrent auprès des exportateurs et du gouvernement japonais.

Pour satisfaire la clientèle, il fallut transformer les méthodes de filage et adopter les systèmes européens.

La transformation de la filature au Japon. Les deux premières filatures modernes furent ouvertes au Japon en 1870 par l'initiative privée, mais les progrès décisifs ne commencèrent que deux années plus tard, grâce à l'intervention de l'Etat. Celui-ci fonda en 1872 à Tomioka (Gumma) une filature modèle de trois cents bassines, équipée avec du matériel européen, et convia des fileuses de toutes le provinces à venir y apprendre les nouveaux procédés. Les particuliers ne tardèrent pas à suivre l'exemple gouvernemental : d'autres filatures à l'européenne furent créées, et en 1878 leur production s'élevait déjà à 400.000 kgs. de soie. En 1882 le pays possédait 63 filatures de 50 à 300 bassines chacune, avec un total de 17.238 bassines, et fournissant à l'exportation 750.000 kgs. de soie. L'industrie de la filature n'a cessé de croître à partir de ce moment et, en 1919, le Japon comptait 278.493 bassines à l'européenne, donnant du travail à plus de 300.000 ouvrières et produisant 19.381.781 kgs. (5.168.475 kwan) de soie.

La filature moderne, malgré sa croissance remarquable, n'a pourtant pas remplacé complètement la filature au rouet. Pendant que se répandaient au Japon les procédés modernes, les procédés nationaux ont été aussi grandement améliorés: les appareils sédentaires mûs à bras (Zaguri) ou à pédale (Ashibumi) ont été inventés, et le redévidage, perfectionné dans le Gumma et ailleurs, a permis d'adapter la soie au rouet aux marchés extérieurs. Enfin une autre branche de la filature s'est spécialisée et a vu son importance grandir: la filature des douppions ou cocons doubles.

Nous trouvons donc aujourd'hui au Japon les procédés les plus divers de filature, la soie produite pouvant se ramener à trois types principaux: la soie filature, la soie au rouet, et la soie de douppion ou soie Tama.

La caractéristique principale des f i l a t u r e s à l'e u r o-p é e n n e ou filatures tout court, est le chauffage à la vapeur des bassines et la motion mécanique régulière des dévidoirs; quant aux procédés et au nombre des bouts filés [1]), ils varient d'un établissement à l'autre, suivant l'importance de la filature et la division plus ou moins grande du travail. Les soies sont généralement croisées à la tavelette [2]), et sont toutes d'abord enroulées sur un asple de faible diamètre, puis redévidées pour former des écheveaux système Grant [3]). L'opération de redévidage est rendue nécessaire par l'humidité du climat, et les essais de mise directe en écheveaux n'ont pas donné de résultats satisfaisants. Plus de 80 % des soies filature sont destinés à l'exportation, et les producteurs sont tenus régulièrement au courant des vœux des consommateurs par le gouvernement japonais qui les communique aux associations de filateurs.

La fabrication de la s o i e a u r o u e t occupe encore un nombre important de ménages. Elle est en général pratiquée dans des familles de paysans ayant un ou deux appareils, mais il existe

---

[1]) Une fileuse peut surveiller jusqu'à 6 et 8 bouts ou fils de grège, dans la même bassine.

[2]) Les deux systèmes de croisure les plus usités sont le système à la tavelette ou à la tavelle et le système à la Chambon. Dans le premier, la cohésion et l'extraction de l'excès d'eau sont obtenues par friction mutuelle de deux fils de grège filés simultanément, dans le second par la friction d'un seul fil sur lui-même.

[3]) Ce système de réglage où les fils s'entrecroisent sur l'écheveau en forme de diamant (diamond crossing) permet le dévidage le plus rapide en fabrique.

aussi un certain nombre de petits ateliers possédant 10 bassines et même davantage: en 1916 l'on comptait 239.304 établissements de filature à la japonaise, dont 238.383 avaient moins de 10 bassines, et le mot établissement est à peu près synonyme de ménage. Cette soie est destinée principalement au marché intérieur, mais l'on en exporte aussi une certaine quantité provenant surtout des départements de Fukushima et de Gumma. La soie de Fukushima, dénommée K a k e d a, est réputée pour la bonté des cocons dont elle est filée, et la soie de Gumma, préalablement redévidée convient bien à la rubannerie: elle est connue sous le nom de R e - R e e l s.

Après avoir prospéré vers la fin du XIXᵉ siècle, la filature au rouet est aujourd'hui en décadence, atteinte par la redoutable concurrence de la filature moderne qui conquiert même le marché intérieur. La faiblesse du rendement par bassine, qui atteint seulement 150 grammes par jour pour les appareils Zaguri et 225 grammes pour les appareils Ashibumi, alors que les bassines modernes donnent en moyenne 300 grammes et jusqu'à 500 grammes de soie, d'autre part l'augmentation nécessaire des salaires sont les raisons principales du déclin. Alors que le nombre total des établissements de filature avait crû de 336.224 en 1894 à 428.627 en 1900, il est en décroissance rapide depuis, et n'atteignait plus que le chiffre de 239.123 en 1919, à cause de la diminution de la filature domestique.

Une partie des anciennes filatures à entrepris la f i l a t u r e d e s   d o u p p i o n s, difficilement exécutable en fabrique, et la quantité de soie Tama produite est en voie d'augmentation: en 1916, il y avait 41.002 établissements avec un total de 62.722 bassines, produisant 1.291.793 kgs. (344.478 kwan). Le département de Aichi produit à lui tout seul ⅓ de la soie Tama.

Le tableau suivant nous donne l'importance relative dans la production des 3 qualités de soie japonaise, et illustre la croissance rapide de la production de la soie filature et de la soie Tama, et d'autre part la décroissance de la production de la soie au rouet.

	Soie Filature	%	Soie au Rouet	%	Soie Tama	%	Total	%
1897	835.120	50,9	702.441	42,8	103.872	6,3	1.641.433	100
1900	9.991.019	52,4	764.732	40,4	138.191	7,2	1.893.942	100
1910	2.235.760	70,5	758.813	24,0	179.902	5,5	3.174.475	100
1919	5.168.479	81,2	563.471	8,9	627.815	9,9	6.359.765	100

En kwan de 3,75 kgs.

Pourquoi et comment la filature moderne a-t-elle pu accomplir des progrès si rapides au Japon? Nous en avons indiqué ça et là les principales raisons, que nous rappellerons pour obtenir un tableau d'ensemble.

Raisons du développement de l'industrie de la filature.

1º La filature de la soie est une industrie d'exportation qui a longtemps joui de la baisse du change japonais et de la hausse du prix de la soie.

2º Dans le commerce international elle possède un « avantage comparatif »[1]) important, car le travail représente à lui seul environ la moitié du coût de transformation du cocon en soie, les machines nécessaires n'étant ni nombreuses ni très coûteuses, et le bâtiment qui les contient pouvant être quelconque et construit à très bon compte dans un pays où la protection ouvrière est peu avancée. Nous savons que l'« armée de réserve industrielle » est très forte, et en conséquence l'ouvrière doit se plier à des conditions de travail très dures, se soumettre à une véritable exploitation, d'autant plus que

3º la main-d'œuvre n'a pas besoin de posséder des connaissances spéciales. L'habileté naturelle est la seule qualité réclamée d'une fileuse et les filles de paysans, élevées dans un milieu où sont pratiqués l'élevage du ver à soie et la filature, possèdent déjà par hérédité et par éducation une facilité naturelle dont profite le filateur.

4º La matière première de la filature, le cocon, est en grande abondance dans le pays.

5º La filature peut croître à partir de débuts très modestes par le nouvel investissement des bénéfices, et cette qualité l'a de bonne heure rendue attrayante pour le petit capitaliste japonais.

6º Enfin, l'industrie de la filature a toujours été entourée de la sollicitude bienveillante de l'Etat, et tous les progrès économiques accomplis par le pays l'ont favorisée.

L'un des aspects du progrès économique général, qui a permis la croissance de la filature moderne, mérite de retenir spécialement notre attention: c'est l'organisation du crédit, efficace surtout depuis une vingtaine d'années. Les filateurs se chargeaient autrefois eux-mêmes de sécher et d'emmagasiner dans leurs propres entrepôts les cocons achetés. Ce système, encore en vigueur dans

---

[1]) Cf. *infra*, pag. 120.

plusieurs endroits, a fait place dans les grands centres à une meilleure division du travail. Aujourd'hui, l'étouffage et le séchage des cocons sont le plus souvent effectués par des tiers, et il existe tout un système d'entrepôts, construits par des sociétés puissantes se chargeant de la manutention et du magasinage des cocons. Ces entrepôts émettent contre la marchandise déposée des warrants sur lesquels les déposants peuvent se faire avancer facilement jusqu'à 80 % de sa valeur auprès des banques locales.

Les filateurs ont ainsi les moyens, par des dépôts successifs, d'acheter une quantité de cocons bien supérieure au capital dont ils disposent, et ils n'ont pas besoin de vastes entrepôts particuliers. Les cocons sont retirés au fur et à mesure des besoins avec l'argent rendu liquide par la vente ou le dépôt de la soie filée : les banques escomptent facilement les traites documentaires fournies sur les acheteurs de Yokohama, créditant immédiatement jusqu'aux 90 % de la valeur marchande de la soie, ou bien, si le filateur préfère envoyer la soie en consignation, il peut obtenir de son commissionnaire des avances jusqu'aux 70 % de sa valeur.

Les banques locales qui fournissent le crédit au commerce soyeux sont elles-mêmes fortement appuyées par les grandes banques japonaises, en particulier par la Yokohama Specie Bank et par la Banque du Japon. Ces banques réescomptent volontiers les documents reposant sur des transactions en soie et elles s'efforcent d'atténuer les crises du commerce soyeux par une politique très large de prêts, soutenues en cela très libéralement par le gouvernement japonais.

Cependant, la grande organisation du crédit au Japon, de date relativement récente, est encore de fonctionnement délicat. Elle a permis l'extension de la grande filature dans un pays où le capital est encore rare, mais elle n'est pas sans dangers pour la solidité économique du pays. En temps de crise, l'édifice fragile bâti sur le crédit se lézarde périlleusement, et l'intervention en faveur du commerce et de l'industrie soyeuse peut se trouver débordée et ne point éviter des liquidations forcées comme celles de 1907 et de 1920.

La concentration dans l'industrie de la filature.

Un aspect intéressant de la filature japonaise est sa concentration en certaines régions, qui entraîne aujourd'hui la tendance à l'agrandissement plutôt qu'à la multiplication des entreprises. Le facteur principal de la filature étant la main d'œuvre, il était

naturel que la filature s'établisse de préférence dans les régions
où cette abondance était la plus marquée, c'est-à-dire dans les
provinces centrales dont nous avons étudié le régime économique. Dans ces provinces, la production des cocons était
justement la plus forte: main-d'œuvre et matière première se
trouvaient heureusement réunies. Le transport d'une autre matière première depuis la côte serait coûteux dans ces régions au
relief tourmenté, et d'autres industries n'ont pas trouvé avan-
tageux de s'y établir, ayant pu trouver ailleurs une main-d'œuvre
encore suffisamment abondante. C'est ainsi que la grande industrie du coton est à peine représentée dans les provinces de
forte production soyeuse: en 1913 Nagano n'avait point de filature de coton, Saitama figurait seulement pour 0,55 % des broches
japonaises, et seule Aichi avait une industrie assez importante
avec les 8,17 % des broches totales.

Les quatre départements de Nagano, Aichi, Gumma et Saitama
sont aujourd'hui les grands foyers de la production de la soie:
ils filent non seulement les cocons produits dans leur région mais
encore des cocons achetés dans toutes les parties du Japon et
jusqu'en Chine[1]), et produisent plus de la moitié de la soie
japonaise:

1918	Bassines	Production totale en kwan
Nagano	84.475	1.587.772
Aichi	23.202	441.219
Gumma	29.528	322.855
Saitama	16.506	264.555
Total japonais . . .	275.760	4.738.285

Le département de Nagano (province de Sinshiu) est de beaucoup le plus important, et il fournissait en 1916 les 29,7 % de la
soie du Japon, alors qu'il ne produisait dans la même année que
les 14,05 % des cocons. Les filateurs de cette région marchent
à la tête du progrès, et, déjà en 1893, les 90 % de la soie produite
étaient de la soie «filature»: ils possèdent même, dans les départements environnants, un nombre important de bassines évalué à 18.000 en 1916.

Le groupement des industries aux mêmes lieux favorise leur
concentration, leur fusion en des entreprises toujours plus grandes

---

[1]) En 1919, le Japon a importé 2.031.000 kin de cocons; une partie
seulement est destinée à la filature, le reste est de qualité inférieure et
sert à la fabrication de la schappe.

qui jouissent du « rendement croissant » et de la meilleure organisation des services économiques qu'elles amènent avec elles. Telle filature (Yoda-Sha), fondée en 1889, qui avait 9 établissements en 1893 avec 256 bassines, avait 26 établissements en 1914 avec 3.145 bassines [1]); telle autre (Katakura) n'avait que 32 bassines en 1878: elle en possédait 7.259 en 1915 dans 17 établissements [2]), et l'on annonçait en 1920 qu'elle avait 14.000 bassines et se fondait en une société plus grande encore, au capital de 50 millions de yen et comprenant 25.000 bassines [3]).

Les établissements eux-mêmes s'agrandissent et réunissent un nombre toujours plus élevé de bassines sous le même toit:

Nombre de filatures [4])

avec

	plus de 500	200 à 500	100 à 200	50 à 100	10 à 50
			bassines		
1896	3	—	273	509	1480
1900	18	—	263	523	1264
1905	7	75	229	586	1423
1911	20	112	332	615	1422
1915	40	126	337	614	1143
1918	69	238	497	892	934

Le nombre des petits établissements diminue, le nombre des grands a une tendance à augmenter.

II. L'économie de la filature.

Les bénéfices de la filature, comme ceux de toutes les industries, proviennent de deux sources différentes: de la bonne gestion commerciale, c'est-à-dire de l'achat judicieux de la matière première et du choix intelligent du moment de la vente, et, d'autre part, de la bonne gestion industrielle, c'est-à-dire des économies réalisées sur les opérations de transformation.

---

[1]) « Bulletin Séricicole du Japon », 1 juin 1916.
[2]) Ibid. 1 décembre 1915.
[3]) « Bulletin des Soies et des Soieries », 3 juillet 1920.
[4]) Statistiques prises, pour 1896 à 1911, dans le « Bulletin Séricicole du Japon », 1 mars 1914, et pour 1915—18 dans les « Informazioni Seriche », 20 giugno 1920.

A) La gestion commerciale.

Les systèmes de filature en commission ou de filature coopérative pour le compte de producteurs de cocons sont très peu développés au Japon[1]). Le filateur achète généralement les cocons et revend la soie pour son propre compte et, comme tout fabricant, il est obligé de spéculer sur les prix. Le caractère de spéculation est beaucoup plus marqué dans l'industrie soyeuse que dans la plupart des autres industries, par suite des fluctuations brusques et fréquentes du prix de la soie, et par suite aussi du fait que le prix de la matière première est beaucoup plus important que le coût de transformation. Le filateur achète une bonne partie des cocons dont il aura besoin pendant l'année, au moment de la récolte, et les paye au prix du jour, qui correspond aux prix escomptés pour la grège sur le marché des soies: les cocons n'ont, en effet, point d'autre emploi que la filature et leur prix est déterminé par le cours probable de la soie, diminué d'une certaine somme destinée à couvrir les frais de transformation. Cette différence est plus ou moins grande suivant la force respective des filateurs et des vendeurs de cocons. Elle est en général plutôt favorable aux premiers, qui sont plus puissants et mieux organisés, mais il arrive aussi que les filateurs, escomptant de la hausse sur la soie, se laissent aller à pousser les prix des cocons d'une manière inconsidérée.

Les sériciculteurs ne sont plus aujourd'hui tout à fait désarmés devant les filateurs: ils se réunissent en coopératives de vente pour sauvegarder leurs intérêts, et ils sont aidés par le développement du système de séchoirs collectifs, d'entrepôts et d'avances contre dépôts de marchandises, qui leur permet de retarder le moment de la vente. La soie perd ainsi peu à peu de son caractère spéculatif pour le filateur: le commerce des cocons, en se développant, alimente un marché permanent qui permet au filateur de s'approvisionner au fur et à mesure de ses besoins et aux prix courants; d'autre part la généralisation de la pratique des opérations à terme permet au filateur d'éliminer une partie de ses risques, au moment de l'achat des cocons, par une vente de soie à livrer.

---

[1]) La grande filature de Gunze est l'exemple le plus connu de coopération des sériciculteurs.

B) *Les frais de transformation.*

La bonne exploitation technique de la filature, c'est-à-dire la transformation économique de la matière première, forme l'autre partie du bénéfice du filateur. Les frais de transformation peuvent se diviser en frais généraux et frais de main-d'œuvre, qui représentent chacun environ la moitié du coût total.

1° Les frais généraux.

Les principaux frais généraux sont: les intérêts sur le capital fixe, le combustible, les frais d'administration et les intérêts sur le capital circulant.

Les filatures sont en général de construction très simple, en bois ou en bambous, et les frais d'installation sont réduits au minimum: parfois elles consistent seulement en une toiture reposant sur le sol nu. A part la machine à vapeur et la doublure en étain des bassines tout est en bois, aussi bien la charpente que les murs, les guindres, les machines d'essayage et les balances, chaque pièce s'ajustant dans l'autre sans l'emploi d'un clou[1]). La place est économisée autant que possible, et, dans un espace où en Europe l'on installerait 50 bassines, le Japonais en met 100 en activité. L'intérêt et l'amortissement du matériel se trouvent ainsi fortement réduits et s'élèvent à moins de 50 % des frais analogues en Europe. Quant à la prime d'assurance contre l'incendie, elle est assez forte, en moyenne 3 % par an de la valeur de l'immeuble.

Le combustible forme une partie importante des frais généraux: la force motrice est en général la vapeur, utilisée également pour chauffer les bassines, mais l'électricité commence aussi à être employée. Les filatures sont très rarement chauffées, même pendant les mois les plus froids, et les fileuses ne reçoivent qu'une petite chaufferette où appuyer leurs pieds. Le charbon utilisé est d'origine nationale, le Japon possédant d'abondants gisements miniers: en 1912, la houille de bonne qualité, qui fournit un rendement calorique égal au 75 % du rendement du charbon anglais, revenait en moyenne à 8 yen la tonne. Le plus souvent les filatures sont éclairées à l'électricité, et le pétrole et l'acétylène sont devenus rares. L'énergie électrique se paye à

---

[1]) Cf. Leo Duran, Raw Silk, pag. 90.

forfait, environ 40 sen par mois et par lampe de 5 bougies, du coucher au lever du soleil (1914) [1]).

Les frais d'administration sont faibles au Japon, où le niveau des prix est bas et la vie encore simple, et les dirigeants d'une entreprise, qui sont généralement de la même famille, n'exigent pas des bénéfices aussi élevés qu'en Europe. Par contre, les impôts qui pèsent sur la fabrication sont nombreux et variés. Ils comportent une taxe s'élevant à 0,7 % par an de la valeur locative et à 0,3 % du capital; le filateur qui a plus de trois ouvriers, doit aussi payer 50 sen par ouvrier âgé de plus de 15 ans et 2 yen par employé, tout en étant soumis à l'impôt sur le revenu.

Enfin l'achat, la manipulation et le dépôt des cocons entraînent aussi un certain nombre de frais. La vente et l'achat se font généralement aux enchères, par l'intermédiaire d'un courtier assermenté. Des sociétés privées ont édifié dans les grands centres des bâtiments spéciaux, offrant toutes les commodités, pour y tenir le marché des cocons. Les ventes ont lieu le soir à la lumière artificielle, et les cocons sont soumis par petits lots déjà triés à l'examen des acheteurs, dont les offres sont secrètes. Le marché devient parfait par l'acceptation du prix maximum par le vendeur, et le montant est payé comptant le lendemain. Le courtage, supporté également par vendeur et acheteur, s'élève à 2—3 % dans le Japon méridional, 1¼ à 2 % dans les provinces centrales [2]). L'étouffement et le séchage des cocons jusqu'aux 35 % du poids vif est au compte soit de l'acheteur soit du vendeur, et la taxe, très modeste, s'élève à 8—10 sen par kwan (1914). Quant au taux de l'intérêt sur les avances consenties par les banques sur les dépôts de cocons, il est très variable suivant l'allure du marché des soies et l'aisance du marché monétaire. Il est généralement de 8 à 12 % pour les avances jusqu'aux 70 et aux 80 % de la valeur marchande des cocons.

2° La main-d'œuvre.

L'autre élément du coût de la production est la main-d'œuvre, qui nous intéresse par deux de ses aspects: le niveau du salaire et «l'efficience» des ouvrières.

---

[1]) Cf. «Informazioni Seriche», 29 luglio 1915 pag. 21.

[2]) Nous donnons ces renseignements d'après les notes de voyage du Dr. de Cavazzani dans les provinces du Kansai et du Sinshiu, publiées dans les «Informazioni Seriche», au cours des années 1914 et 1915.

La situation ma-
térielle des
ouvrières.

Les filles de la nombreuse famille paysanne qui sont en âge de travailler, incapables de trouver aux champs et dans la maison un emploi suffisant, sont généralement envoyées en fabrique. Les contrats de travail sont conclus avec le père de famille, et, dans des cas malheureusement trop fréquents, la famille obérée cède — vend — pour une durée de plusieurs années les services d'une fille à l'agent recruteur des filateurs contre une somme vraiment dérisoire. L'agent verse aux parents un acompte, qui peut ne point être supérieur à une vingtaine de yen pour une année de travail, cette somme demeurant acquise dans tous les cas, même dans celui de mort immédiate de la fileuse. Les pauvres fillettes, qui ont en général moins de 20 ans, habituées dès l'enfance à se soumettre, sont livrées sans aucun droit à l'exploitation de l'employeur: elles travaillent, mangent et dorment dans l'usine, et leur condition n'est guère supérieure à celle de véritables esclaves; il faut pourtant ajouter que leur moralité ne subit généralement pas d'atteintes sérieuses pendant leur séjour à la filature.

Les fileuses travaillent en moyenne 13 heures, déduction faite des heures de repos et des repas, et cette moyenne est très souvent dépassée dans le Nagano où 16 et même 17 heures de travail sont normales. Dans le Yamanashi, les filatures sont en activité de 5^h du matin à 11^h du soir, et le travail n'est interrompu, pendant ces 18 heures, que 5 à 6 fois, par des repos de 10 à 20 minutes, pour les distributions de thé et pour les repas. Dans quelques établissements, les bassines sont actives toute la journée, et alors 2 équipes se relaient, travaillant de nuit une semaine sur deux. Ce dur labeur n'est pas même interrompu par un jour de repos hebdomadaire, et il arrive que les fileuses doivent travailler 24 heures consécutives au moment du changement d'équipe. Parfois 2 à 3 jours mensuels de liberté sont accordés aux fileuses, mais trop souvent cette liberté n'est qu'illusoire et doit être employée à des travaux de nettoyage. Les filatures sont ouvertes environ 257 jours par an, fermant leurs portes en janvier et février, au moment des grands froids, et pendant un mois au printemps pour permettre aux fileuses d'aller aider à l'élevage des vers à soie.

La nourriture est fournie par l'employeur, mais elle est trop souvent insuffisante pour réparer les forces de la fileuse, et pour lui permettre de récupérer entièrement le poids qu'elle a perdu pendant le travail de nuit. Elle consiste essentiellement en riz mélangé de millet et de légumes, avec du thé, et les substances albuminoïdes font presqu'entièrement défaut. En elle-même, cette nourriture n'est point inférieure à celle de la famille paysanne d'où vient l'ouvrière; c'est l'intensité et la longueur du travail qui la rendent insuffisante. Aussi la maladie et la mort sont-elles fréquentes parmi les ouvrières. La tuberculose surtout fait de grands ravages et beaucoup d'ouvrières ne parviennent pas à se rétablir après leur retour au pays. Une enquête, établie dans quelques localités d'émigration temporaire, et reproduite par Heber[1]), nous apprend que, sur 14.834 ouvrières émigrées, 5.558 étaient retournées au pays, parmi lesquelles:

877 étaient rapatriées pour cause de maladie,
102 tombèrent malades au retour,
254 moururent peu après leur retour,

soit 1.233 ouvrières atteintes de maladie, c'est à dire les 23 % des ouvrières retournées.

L'on comprend aisément que la vie d'usine ne sourie guère aux fileuses! Les tentatives de fuite et les suicides sont nombreux, et les ouvrières sont soumises à une étroite surveillance. Dans nombre de fabriques, elles sont enfermées pendant la nuit pour qu'elles ne puissent s'échapper, et récemment encore arrivait la triste nouvelle de fileuses brûlées vives dans une fabrique, pour n'avoir pu fuir les flammes pendant un incendie. Les grèves pour l'amélioration de leur sort sont très difficiles aux fileuses, trop jeunes encores et ignorantes des questions sociales. Elles étaient d'ailleurs défendues jusqu'à récemment par la loi japonaise et, quand elles éclatent, elles ont plutôt le caractère de protestations contre un traitement injuste que celui de mouvements organisés, destinés à soutenir des revendications déterminées. Les filateurs, dont l'industrie contribue plus qu'une autre à enrichir le pays, ont au contraire toujours joui de la protection gouvernementale. Les yeux ont été fermés sur les souffrances ouvrières et les heures supplémentaires ont été permises quand la demande le requérait. La loi sur les fabriques, du 1er septembre 1916, a réduit les heures de travail des adultes à 12 heures quo-

---

1) « Japanische Industriearbeit », p. 207. (Il ne s'agit pas ici exclusivement de fileuses de la soie.)

tidiennes, accordant 2 jours de liberté par mois : un bien maigre minimum. Pourtant les filateurs, dont la grande majorité travaille pour l'exportation, ont obtenu un sursis de 15 ans pour l'application de la loi : 14 heures de travail leur ont été accordées, et des exceptions spéciales ont permis de prolonger encore la durée pendant la période de grande demande.

Le mouvement social fait cependant des progrès au Japon : l'inflation monétaire récente et les hauts prix ont infligé de grandes souffrances aux ouvriers, qui commencent à s'unir, et peut-être sauront-ils à l'avenir exiger avec plus de force une amélioration de leur situation matérielle.

Les salaires. Que reçoivent les fileuses pour leur travail exténuant ?

Guère plus que l'ouvrière séricicole ou agricole, même moins dans les mauvaises années, une gratification supplémentaire quand les affaires vont bien et que les heures de travail doivent être prolongées. La rémunération se compose d'une partie en nature : le logement et la nourriture, et d'une partie en espèces qui varie d'année en année. En 1913 le salaire moyen en espèces de la fileuse s'élevait à 33 sen par jour, c'est-à-dire à environ 65 centimes, et l'entretien était évalué à 10—15 sen par jour (25 à 40 centimes). D'après le « Brief of the Silk Association of America »[1]), le filateur accorde en général à ses employés une gratification de fin de saison, égale en temps normaux à 10—15 % du salaire en espèces. Les fileuses de moins de 15 ans ne reçoivent que la moitié du salaire de l'adulte : il y en avait 30.334 en 1918 contre 249.677 fileuses de plus de 15 ans.

Le coût de la main-d'œuvre a augmenté régulièrement pour le filateur : d'une part la nourriture a renchéri, et de l'autre, la partie en espèces du salaire a dû être élevée pour suivre le renchérissement général, ainsi que le montre le tableau suivant :

En sen			En sen		
1895	. . .	14	1914	. . .	35
1900	. . .	20	1917	. . .	36
1905	. . .	22	1918	. . .	43
1910	. . .	31	1919	. . .	57
1913	. . .	33			

---

[1]) « Brief of the Silk Association of America for Presentation to the Ways and Means Committee at the Hearing of February 3ᵈ 1921 » page 11.

Mais, pour la filature comme pour la sériciculture, nous allons voir que les améliorations de la technique sont arrivées à compenser largement l'augmentation du coût des facteurs de la production.

L'efficience de la fileuse japonaise est beaucoup plus faible que celle de ses collègues européennes: alors que la fileuse italienne produit en moyenne 450 grammes de soie en 10 heures de travail et souvent davantage, une enquête minutieuse a prouvé que la fileuse japonaise ne filait qu'environ 300 ou 380 grammes au maximum en 12 heures, et la qualité de la soie produite est inférieure [1]).

La raison de cette infériorité est à rechercher avant tout dans la faiblesse physique et intellectuelle de la fileuse japonaise, incapable de se concentrer autant que sa collègue européenne et de surveiller un nombre égal de bouts. Les longues heures de travail, la nourriture insuffisante, engendrent une fatigue continuelle et augmentent encore l'apathie innée de l'ouvrier japonais envers le travail mécanique. Quand la surveillance manque, comme c'est le cas dans la majorité des filatures japonaises, le travail est inégal et a lieu par à-coups: la quantité comme aussi la qualité ne peuvent manquer de s'en ressentir. Quelques filateurs se rendent compte aujourd'hui qu'il est dans leur intérêt d'améliorer le traitement de leurs employées pour augmenter leur productivité, et les essais tentés ont été satisfaisants (par ex.: Filature de Ayabe).

Mais il est d'autres raisons de la moindre productivité de l'ouvrière japonaise. C'est d'abord la moindre division du travail au Japon qu'en Italie, par exemple, où des ouvrières spéciales battent et déblazent les cocons, où d'autres veillent au rattachage des fils rompus et permettent à la fileuse de se concentrer sur l'opération de filature; il n'y a encore de batteuses spéciales que dans les grandes filatures au Japon, mais des progrès sensibles commencent à être accomplis dans cette direction. Mentionnons enfin la qualité inférieure des cocons japonais, dont le mauvais dévidage explique en bonne partie la faible production en soie. Une expérience récente (1915), faite en Italie, nous paraît jeter quelque lumière sur la situation. Une fileuse italienne d'habileté moyenne reçut à filer une certaine quantité de cocons japonais

-----

1) « Informazioni Seriche », 29 luglio 1915, p. 421.

de qualités courantes employées dans les filatures japonaises. Elle mit 38 heures pour filer 4 kgs. de cocons du Sinshïu, et il fallut 4,065 kgs. de cocons, pour 1 kg. de soie grège au poids conditionné [1]). En somme, la production ne s'est élevée qu'à 27,3 grammes de soie par heure, soit 327,6 grammes en 12 heures, chiffre qui ne s'éloigne pas trop du rendement de la fileuse japonaise. La soie était duveteuse, manquait de netteté et la filature donna 35,79 % de déchets. Des cocons de l'Oshiou (région du nord) par contre, donnèrent de meilleurs résultats. Ils ne fournirent que 20,40 % de déchets, et il n'en fallut que 3,58 kgs. pour 1 kg. de soie; la fileuse mit 29 heures pour filer 4 kgs. de cocons, produisant ainsi 38,2 grammes par heure ou 382 grammes en 10 heures, résultat se rapprochant déjà du rendement italien.

L'amélioration des races de vers à soie, poursuivie par le grainage, n'intéresse donc pas seulement les sériciculteurs mais aussi les filateurs, pour lesquels elle signifie une économie de main-d'œuvre. Les progrès réalisés dans ce sens sont déjà important et, joints au progrès techniques et à la plus grande longueur de la saison de filature, ils ont permis d'augmenter déjà très sensiblement le rendement par bassine, c'est-à-dire de mieux répartir les frais généraux sur la main-d'œuvre et le capital de roulement.

Le tableau suivant montre les progrès accomplis dans l'ensemble du Japon au cours de deux dernières décades [2]).

	Soie «filature» produite en kwan	Nombre de bassines «filature»	Rendement en kwan par bassine	Rendement en kgs par bassine
1896	856.880	130.798	6,56	24,6
1905	1.201 723	128.151	9,44	35,2
1915	3.182.269	197.335	16,1	60,4
1919	5.168.475	278.493	18,5	69,4 [3])

La qualité de la soie laisse toujours encore passablement à désirer: ici aussi le grainage apportera quelques améliorations

---

[1]) Cf. «Informazioni Seriche», 11 agosto 1915. Pour le sens du terme « poids conditionné », cf. *infra,* p. 102.

[2]) Les statistiques de la production et du nombre des bassines sont empruntées aux publications officielles japonaises reproduites dans les journaux spéciaux de la soie.

[3]) A titre de comparaison, nous indiquons que le rendement moyen français était évalué à 58 kgs. par bassine par Payen, en 1910.

mais les progrès dépendent surtout d'un meilleur traitement et d'une meilleure surveillance des ouvrières, ainsi que d'un mouvement moins rapide des guindres. Ils signifieraient en somme une augmentation des frais de la production, à laquelle le filateur ne consentira que pour une prime spéciale à la qualité : la question est liée à celle d'une classification plus rationnelle des qualités de la soie et nous aurons à y revenir.

C) Le bilan du filateur.

Le rapprochement de deux estimations du coût de la production faites en 1900 et 1914, fait bien ressortir la diminution relative des frais généraux de la filature.

1° Coût de production d'un picul de soie de 60 kgs. en 1900 [1]:

Frais de transformation.

		Yen	Yen	%
Main-d'œuvre	Salaire des ouvrières	56.30	84.—	45,3
	Maintien des ouvrières	27.70		
Frais généraux	Charbon	17.25		
	Intérêt sur le capital fixe	40.—	101.25	54,7
	Intérêt sur le capital circulant	39.—		
	Frais divers	5.—		
			185.25	100.—

Frais de vente.

Transport à Yokohama	1.—	
Assurance $^1/_{10}$ %	0.82	
Commission 1 %	8.50	15.52
Escompte traite $^1/_2$ %	4.—	
Autres frais de vente	1.20	
Total	200.77	

---

[1] Donné par Y a m a w a k i, Japan in the Beginning of the XXth Century. C'est nous qui avons opéré la séparation en frais de transformation et frais de vente, pour faciliter la comparaison avec les estimations suivantes.

2º Coût de production d'un picul de soie de 60 kgs. en 1914 [1]):

Les deux estimations suivantes sont apparemment de la même source, leur variation ne provenant que d'une évaluation différente des frais divers de la production.

		Yen	Yen	%	Yen	Yen	%
Main-d'œuvre	Salaire des ouvrières	56.—			56.—		
			78.—	48,7		78.—	52
	Entretien des ouvrières	22.—			22.—		
Frais généraux	Charbon et électricité	16.—			15.—		
	Impôts, loyer, transport	18.—			17.—		
			82.—	51,3		72.—	48
	Intérêts et frais généraux	32.—			30.—		
	Frais divers	16.—			10.—		
		160.—	100.—		150.—	100.—	

Le coût des salaires pour un picul de soie est environ le même en 1900 et en 1914, malgré l'augmentation du prix des salaires quotidiens: ceci nous indique une plus grande célérité de l'ouvrière, dont témoigne d'autre part la diminution des frais d'entretien des ouvrières. Les frais généraux par picul de soie ont pu s'abaisser, et leur part dans le coût total a pu fléchir de 54,7 % à 51,3 % ou même 48 %.

§ 3. La protection dans l'industrie soyeuse.

L'industrie de la soie possède au Japon, nous croyons d'avoir montré, de gros avantages naturels qu'il s'est agi seulement de mettre en valeur pour qu'elle se développât d'une manière vigoureuse. Étant donné que la production soyeuse repose sur une très forte division du travail, les progrès n'ont pu être accomplis que par une collaboration intime entre les différents producteurs, par une croissance harmonieuse de toutes les bran-

---

[1]) « Informazioni Seriche », 28 gennaio 1915 et 29 luglio 1915. Dans ces estimations, les frais de vente n'ont pas été considérés.

ches de la production.. Cette harmonie est particulièrement difficile à obtenir entre la sériciculture, industrie domestique du paysan, généralement routinier, et la filature aujourd'hui grande industrie capitaliste; la plupart des pays concurrents du Japon souffrent justement de la discordance qui existe entre les besoins de la filature et la production nationale des cocons.

Comment le développement a-t-il pu avoir lieu au Japon simultanément dans toutes les directions? Il reste à montrer que les résultats constatés n'ont pas été atteints spontanément, par des efforts individuels inconscients ou un « laisser-faire » physiocratique, mais qu'ils sont dûs, au contraire, à la réalisation consciente et sûre d'un vaste programme élaboré par l'Etat japonais. L'action bienfaisante de l'Etat en faveur de l'industrie soyeuse s'est manifestée sous deux aspect principaux: d'une part, il s'est efforcé d'assurer le contact intime entre les différents producteurs par une bonne organisation des intéressés, d'autre part il a pris tout une série de mesures destinées à faire progresser l'industrie par une protection intelligente.

I. L'organisation des intéressés. [1]

Le gouvernement japonais a entrepris de bonne heure de grouper entre eux les différents cultivateurs de mûriers, les éleveurs de vers à soie et les filateurs, pour leur permettre d'échanger leurs idées et de se communiquer les résultats obtenus, confiant au groupe même les tâches dont la réalisation eût été impossible aux initatives privées. Les Japonais ont un sentiment inné de la solidarité, et il existe aujourd'hui un grand nombre d'associations, les unes professionnelles, les autres financières.

A) *Les Associations professionnelles.*

Elles sont une forme nouvelle des corporations, destinées à maintenir le contact entre producteurs par des réunions et des journaux, et elles sont reliées entr'elles pour former de plus vastes associations. Leurs organes s'occupent activement de l'amélioration de l'industrie, et leurs décisions ont parfois un caractère obligatoire pour les membre.

---

[1] Les renseignements suivants ont été puisés à plusieurs sources. Les principales sont: « la Bulletin Séricicole du Japon »; « Japan as it is »; Honda, « The Silk Industry of Japan » et le « Japan Year Book ».

Associations locales.

Les gildes ou syndicats de la soie furent créés par ordonnance du ministère de l'agriculture et du commerce en 1885. Tous ceux qui ne produisaient pas pour leur usage personnel devaient en faire partie, et les gildes reçurent pour tâche de régler tout ce qui avait trait à la culture du mûrier, à l'élevage des vers à soie, à la production et à la vente de la soie. Elles furent bientôt intersyndiquées, possédant des comités régionaux et des inspecteurs, et leur résultat principal a été l'amélioration de la technique de filature.

En 1900, avec l'entrée en vigueur de la «Loi sur les Associations Commerciales pour les Matières Premières et les Produits Grèges», les gildes de la soie ont disparu pour entrer dans le droit commun. Les sociétés de sériciculture les ont remplacées, et elles sont composées des producteurs, transformateurs et commerçants de la soie; si dans une région 2/3 des intéressés forment une association, ils peuvent obliger les autres à en faire partie et à accepter leurs décisions. Ces sociétés se proposent particulièrement d'améliorer les produits de leur membres, qu'elles ont le droit de surveiller, et elles distribuent des amendes pour la non-conformité aux règlements. Le ministre de l'agriculture a le pouvoir d'organiser ou de dissoudre ces associations. Au début de 1916, l'on comptait 264 sociétés de sériciculture, quelques-unes, il est vrai, existant seulement à l'état nominal, et l'on attribuait particulièrement à leur influence l'amélioration du système de réglage (mise en flottes) des soies.

Associations nationales.

Le Japon est un pays très centralisé, et les efforts devaient nécessairement tendre vers la formation d'organes nationaux de l'industrie de la soie.

En 1883, un congrès de sériciculteurs, ouvert par le ministre de l'agriculture et du commerce, essaya de grouper en une association nationale toutes les associations locales, mais la nouvelle société fondée fût bientôt dissoute sans avoir donné aucun résultat.

L'Association Séricicole du Japon (Dai Nippon Sanshi Kai), fondée en 1892 à Tokyo, a répondu à un véritable besoin, et elle comptait déjà environ 220.000 membres en 1920. Elle est une association privée, s'intéressant à tout ce qui touche à la prospérité de l'industrie soyeuse et à la technique de production; elle publie des journaux en japonais et une revue destinée aux lecteurs américains et européens, contenant des articles en anglais, français, allemand et italien.

Cette association n'ayant pas encore des attributions assez étendues, le gouvernement japonais, reprenant le projet de 1883, a fondé en 1915 un «Institut Central des Sociétés de Sériciculture» (The National Association of Raw Silk Industry of Japan) ayant pour membres des sociétés de sériciculture ou des unions de sociétés. Cet organisme, qui a un caractère semi-officiel, est destiné surtout à représenter les intérêts commerciaux de l'industrie soyeuse au Japon et à l'étranger.

B) Les Associations financières.

Parmi les associations financières, nous ne nous occupons que des sociétés coopératives, dont le gouvernement favorise la formation. Elles ont pour but de faciliter à leurs membres la lutte économique en leur procurant du crédit ou en se chargeant de l'achat et de la vente en commun. La formation de sociétés coopératives, déjà encouragée par un décret ministériel en 1875, a été rendue plus facile par la «Loi sur les sociétés coopératives» de 1898. En 1909 l'on comptait au total 4.264 sociétés dont 2.442, soit les 57%, étaient des sociétés de sériciculteurs, se répartissant en 1.139 coopératives de crédit, 206 coopératives de production, vente ou consommation, et 1.091 sociétés ayant en même temps ces deux attributions. Toutes ces sociétés reçoivent l'appui et des concessions spéciales du gouvernement.

Nous signalerons particulièrement les essais de coopération entre sériciculteurs pour la filature en commun, tels qu'ils ont été faits avec succès dans le département de Kyoto, où les filatures de Gunze à Ibaraka avec 1.500 bassines appartiennent en coopération à de nombreux éleveurs de vers à soie, et les sociétés coopératives de redévidage du Gumma, 441 en nombre, qui produisaient 4.469.044 kin de soie en 1916.

II. Principales mesures en faveur de l'industrie de la soie.

L'action du gouvernement japonais en faveur de l'industrie soyeuse s'exerce par l'intermédiaire du Ministère de l'Agriculture et du Commerce, et aussi, pour ce qui a trait à l'enseignement, par le Ministère de l'Instruction Publique. Le Bureau de l'Agriculture du Ministère de l'Agriculture et du Commerce a une

Section de Sériciculture en rapport avec les divers bureaux départementaux qui sont chargés de surveiller l'application des lois et des décrets relatifs à l'industrie soyeuse; cette Section dirige aussi directement quelques administrations nationales telles que le Bureau Impérial d'Expériences sur la soie (The Imperial Silk Experiment Station), la Station Impériale d'Expériences Séricicoles (The Imperial Sericicultural Experiment Station), et le Bureau Impérial d'Inspection des Soies.

Les encouragements à l'industrie. La famille impériale, pour rehausser le prestige de la sériciculture qu'elle s'efforce de répandre, donne elle-même l'exemple de la culture et témoigne de son intérêt pour l'industrie en honorant de sa visite les établissements séricicoles: chaque année, l'Impératrice japonaise, suivant en cela la tradition de la Maison Impériale chinoise, élève quelques vers à soie de choix dans la magnanerie impériale dirigée par un expert, et 10 jeunes experts, venus de provinces différentes, reçoivent le privilège d'assister à l'élevage comme récompense de leurs mérites. Par des conférences, à l'école, dans la presse, aucune occasion n'est négligée d'encourager l'extension de la sériciculture, et souvent les jeunes fillettes sont initiées à l'école même aux éléments de l'élevage.

L'encouragement n'est pas seulement verbal: l'Etat aide directement les débutants, en accordant des primes et des exemptions d'impôt à ceux qui mettent en culture de nouvelles terres à mûrier, en faisant même distribuer gratuitement des plants de mûrier et de la graine de vers à soie. Dans chaque département, un expert, attaché au préfet, est chargé de surveiller les plantations de mûrier et de répandre les méthodes les plus rationnelles de culture de l'arbre et d'élevage des vers à soie. Ces inspecteurs s'occupent aujourd'hui tout spécialement de l'intensification des plantations de mûrier, et s'efforcent de combattre le rachitisme des arbres.

Recherches et enseignement. Les progrès techniques de l'industrie soyeuse, auxquels son succès est dû dans une si large mesure, ont été obtenus grâce à l'étude sérieuse et scientifique des meilleures méthodes, et d'autre part à la vaste diffusion de ces méthodes par un enseignement spécial très bien organisé. L'Etat japonais a d'abord envoyé ses experts étudier à l'étranger, puis il a ouvert lui-même des Instituts de recherche et de haut enseignement. En 1884, un Laboratoire d'Études sur les Maladies du Ver à Soie fut ouvert à Tokyo et bientôt transféré à Nishigahara sous le nom de Station Séricicole, et en 1899, une station analogue fut inaugurée à Kyoto. Ces deux établissements, tout d'abord destinés à l'expérimentation et à l'enseignement, furent transformés, en 1911, en Écoles Supérieures de Sériciculture, ne conservant que la partie didactique de leur programme; une troisième École Supérieure existe aujourd'hui à Uyeda. Le travail de recherches et d'expérimentation fut confié à la Station Impériale d'Expériences sur la Soie, située à Nakano près de Tokyo: cet institut, qui est doté de larges moyens et qui a 6 stations dans les principaux centres séricicoles, entreprend des recherches sur le mûrier, la graine de ver à soie, les opérations de filature, et son programme s'élargit sans cesse.

Depuis 1918, un établissement spécial, la Station Impériale d'Expériences sur la Soie, est chargé de l'étude des propriétés physiques et chimiques de la soie.

Quant au nombre d'établissements de degré moyen et d'écoles privées speciales, où s'enseigne la sériciculture, il est très élevé. L'Etat est très libéral dans l'appui qu'il donne aux écoles, et il leur accorde des dotations et des subventions annuelles. L'enseignement est en règle générale très pratique, se proposant de former des élèves qui appliqueront eux-mêmes les connaissances apprises.

A côté des écoles, l'enseignement par l'exemple joue un grand rôle au Japon : il y a un grand nombre d'établissements modèles de culture du mûrier, d'élevage et de filature, et d'autre part les autorités encouragent toujours les fréquentes expositions séricicoles.

L'importance d'une graine saine et de bonne qualité n'a point échappé au gouvernement. Dès 1873 il réglementa le commerce des graines pour l'exportation, exigeant l'emploi de cartons estampillés, portant le nom du graineur. Puis, après avoir ouvert le Laboratoire d'Études sur les Maladies du Ver à Soie, l'Etat exigea l'inspection générale de la graine (1886). La loi, laissée à l'application des autorités locales, ne donna pas de résultats satisfaisants : les stations d'investigation qui s'ouvrirent un peu partout avaient des méthodes différentes et n'offraient pas les garanties scientifiques suffisantes. La loi de 1897 sur le grainage, amendée en 1905, s'est efforcée d'uniformiser

Surveillance du grainage.

---

stamm, L'approvisionnement en soie.

les règles d'examen et a rendu l'emploi du microscope obligatoire pour tous les graineurs professionnels. En 1911, une nouvelle loi a remanié toutes les dispositions concernant la fabrication de la graine: elle réglemente la lutte contre les maladies, la sélection et la distribution des meilleures qualités de graines, elle établit les méthodes de conservation de la graine d'été et d'automne, réglemente aussi la vente, et organise enfin les syndicats régionaux de graineurs; en un mot elle émet toutes les règles les plus capables d'améliorer le rendement des cocons japonais.

Dans les départements séricicoles, des établissements locaux, correspondant aux Stations Impériales d'Expériences Séricicoles, reçoivent de ceux-ci de la graine sélectionnée qui leur sert à en produire de nouvelle. qu'ils distribuent aux graineurs, améliorant ainsi directement les races de vers à soie. Chaque département possède aussi un bureau qui inspecte les graineurs de la région.

Aides au commerce des soies. La protection du gouvernement ne s'étend pas seulement à la production mais aussi au commerce soyeux, et elle s'exerce de bien des façons: par sa voix dans les associations et les syndicats, par son influence sur les grandes sociétés commerciales et sur les banques, par ses chemins de fer qui accordent des tarifs de faveur aux produits soyeux, etc. Le gouvernement a favorisé en 1896 l'ouverture à Yokohama d'une Condition des Soies dont l'importance n'a cessé de croître, et il possède dans la même ville un Bureau d'Inspection gratuite des soies grèges.

Les raisons du succès de l'Etat. Dans la revue qui précède, nous n'avons eu que très rarement à mentionner une aide pécuniaire directe aux producteurs de la soie: à part les primes à la plantation du mûrier, l'action du gouvernement est presque toujours indirecte, cherchant à faciliter la production et le commerce, pour permettre à l'initiative privée de se développer au mieux de ses intérêts [1]).

La réussite de l'Etat dans sa tâche compliquée, au Japon, alors que dans les autres pays son immixtion est vite ressentie comme une gêne et signifie un empêchement au progrès, plutôt qu'un progrès lui-même, nous paraît résider dans deux circonstances que Mc. Govern relève dans son livre récent «Modern Japan»: la

---

[1]) En 1913, les subsides de l'Etat japonais à l'industrie de la soie s'élevaient à seulement 433 214 yen. Si l'on compte aussi les subsides des autorités locales, le total dépensé en faveur de l'industrie s'élevait à 2 731 548 yen. «Informazioni Seriche», 15 agosto 1914, p. 16.

grande valeur des hommes qui composent la bureaucratie japonaise, d'autre part le prestige dont jouit cette bureaucratie et l'obéissance soumise du peuple à ses règlements. Antérieur à la société capitaliste qu'il a au contraire formée et modelée, l'Etat a pu attirer vers lui les meilleures capacités dans le peuple, et la bureaucratie a pu gagner par ses succès un prestige dont ne jouissent pas les fonctionnaires des autres états. L'administration conserve un fort attrait pour les ambitions individuelles, l'avancement dépend de la capacité et de l'instruction, et la responsabilité personnelle très forte des chefs supérieurs les pousse à accomplir avec zèle et application leur tâche de direction et de contrôle.

CHAPITRE III.

L'ORGANISATION DE LA VENTE.

Les avantages du Japon dans le commerce international.

Le Japon possède dans le commerce des soies divers avantages qui lui ont permis de s'affirmer de plus en plus sur les marchés étrangers, plus importants pour lui que le marché national: la concentration du commerce sur un marché unique d'exportation et sur un marché principal de destination, d'autre part l'«activité» de son commerce, dans le sens de commerce par ses propres nationaux et sur ses propres vaisseaux.

La concentration de tout le commerce de la soie sur un seul port d'exportation: Yokohama, a pour résultat de favoriser la réunion en un même lieu de toutes les commodités du commerce et de permettre le développement de grandes campagnies ainsi que l'unification des usages.

A peu d'exceptions près, toute la soie livrée par les filateurs passe par les mains de négociants commissionnaires avant de parvenir aux exportateurs. La position de ces négociants est très forte: en nombre limité, ils forment une puissante corporation boycottant les filateurs qui, sans passer par leur intermédiaire, essaient de faire des ventes directes. Disposant de larges moyens, ils font des avances aux filateurs contre leurs envois en consignation, et souvent même ils investissent des capitaux dans les filatures: leur commission de vente est généralement de 1 à 1,5 %.

L'organisation du commerce.

7*

Les exportateurs de la soie sont soit des maisons japonaises ayant des succursales de vente ou des agences aux Etats-Unis et en Europe, soit des maisons étrangères ayant des succursales d'achat au Japon. Le commerce de la soie exige de gros fonds de roulement par suite du prix élevé de l'article, par suite aussi de l'usage de livrer la marchandise aux fabricants contre leur seule acceptation à 3 ou 4 mois de date, et un large concours des banques est nécessaire. Au début des transactions commerciales avec le Japon, les maisons européennes de bonne réputation furent seules en mesure d'obtenir auprès des banques étrangères — les seules existantes — le crédit suffisant; aussi, désireux de favoriser le commerce de ses nationaux, l'Etat japonais fonda en 1880 la Yokohama Specie Bank avec caractère semi-officiel, pour fournir du crédit aux maisons japonaises[1]. La banque ouvrait la même année une succursale à New-York et une deuxième en 1883 à San Francisco. Les exportations des maisons japonaises ne s'élevaient, en 1878—79, qu'à 3 % de la quantité de balles exportées; en 1882, elles représentaient déjà les 23 % des exportations totales de la soie[2], et elles n'ont cessé d'augmenter, formant en 1913—14 les 65 % et en 1919 les 76 %[3] des exportations en cet article. Le contact des maisons japonaises avec le marché américain est plus intime qu'avec le marché européen, encore alimenté en grande partie par des maisons européennes:

Part des maisons japonaises dans les exportations de la soie [4]

	pour l'Europe	pour les Etats-Unis
1904—05 . . .	2 %	47,3 %
1915—16 . . .	39,4 %	63,4 %
1920 (six mois) .	25,7 %	78,3 %

La plus grande part dans les exportations revient aux grandes maisons japonaises Mitsui & Cie. et Morimura, Arai & Cie. dont le succès s'explique par leur puissance financière et la grande liberté d'action qu'elles accordent à leurs succursales aux Etats-Unis; cette liberté leur permet, en effet, de satisfaire plus rapide-

---

[1] La gouvernement japonais émit même une loi en 1897, pour favoriser par des primes les exportations directes. La loi dut être retirée, car elle était contraire aux traités de commerce.

[2] Rondot, L'Art de la Soie, t. I, p. 282.

[3] « Japan Year Book » de 1920.

[4] « Informazioni Seriche », 20 novembre 1920.

ment que leurs concurrents européens la demande américaine, souvent impatiente.

Avant la guerre mondiale, c'étaient les banques anglaises qui faisaient les fonds pour la majeure partie du commerce soyeux, les vendeurs ayant l'habitude de tirer des traites en livres sterling. Depuis que la livre n'est plus sur la base or, mais sujette à des variations de change, les transactions se font plutôt en dollars par l'intermédiaire de banques américaines et japonaises.

La prédominance des Etats-Unis comme consommateur de soies du Japon a facilité beaucoup certaines organisations commerciales, et en particulier l'organisation du transport. La soie s'expédie aujourd'hui uniformément en balles de 1 picul (environ 60 kgs.), contenant chacune 28—31 mateaux (paquets de flottes). Elle est généralement expédiée par des navires japonais, qui concèdent un traitement de faveur vu l'importance des quantités, et des trains spéciaux transcontinentaux (les « Silk Trains ») sont formés à l'arrivée des vapeurs à San Francisco, Seattle ou Vancouver; ces trains se dirigent sous escorte, et à la vitesse des trains rapides sur les centres industriels de l'Est Américain, qu'ils atteignent en 5—7 jours. La durée normale du transport de Yokohama à New-York est de 20 à 24 jours, et le coût s'élevait en 1914 à 6 dollars les 100 livres et à 11 dollars en 1918[1]). La voie du Canal de Panama n'est que rarement empruntée, car la durée du voyage est de 43 à 45 jours, et l'économie de frêt ne compense qù'imparfaitement la perte d'intérêts sur une marchandise aussi chère que la soie. Pour la France, le voyage par la voie du Canal de Suez dure en moyenne 37 jours[2]).

L'organisation du transport.

II. Les côtés désavantageux des affaires en soie du Japon.

Les affaires de soies, au Japon plus que dans les autres pays, présentent deux aléas très caractéristiques dans ce commerce: l'incertitude sur la qualité, et les grandes fluctuations de prix résultant d'une très vive spéculation.

Il est d'une importance capitale pour l'acheteur de connaître à la fois la quantité d'humidité contenue dans la soie et sa qualité intrinsèque.

L'incertitude sur la qualité.

---

[1]) En 1918, le transport Canton—New-York coûtait $14 et le transport de Shanghai à New-York $12 les 100 livres anglaises.

[2]) Une partie de ces renseignements nous a été obligeamment fournie par Mr. F. D. Sanders de New-York.

La soie a un pouvoir absorbant considérable, et elle peut contenir une quantité d'eau dépassant de plus de 24 % son poids absolu. Aussi, en Europe, toutes les transactions commerciales ont-elles lieu sur la base du poids dit c o n d i t i o n n é que la soie doit avoir à l'état normal, c'est-à-dire lorsqu'elle contient 11 % d'humidité. La proportion d'humidité est déterminée dans des établissements spéciaux, à caractère semi-officiel, appelés Conditions des Soies, qui se chargent également de faire des essais sur les autres qualités dont dépend la valeur marchande de la soie: perte au décreusage, ténacité, élasticité, etc. .. Au Japon, une Condition des Soies fut ouverte à Yokohama en 1896, et le nombre des essais a augmenté à tel point qu'en 1917 les bâtiments ont dû être agrandis, et que des crédits importants ont été votés en 1920 pour de nouveaux agrandissements. Les locaux actuels sont encore tout à fait insuffisants pour satisfaire les besoins du commerce: l'humidité ne peut être déterminée sur toutes les balles, de sorte que les transactions ne peuvent pas avoir lieu sur base du poids conditionné, mais simplement sur base du poids net avec franchise de 2 % d'humidité sur le poids normal. C'est l'acheteur qui peut faire essayer la soie et exiger une bonification quand l'humidité de la soie dépasse 13 %. Les transactions ont lieu sur la même base aux Etats-Unis, car les vendeurs, qui sont en même temps acheteurs au Japon, se refusent de vendre sur base du poids conditionné. L'agrandissement de l'établissement de Yokohama peut amener un changement à ces usages, changement souhaité par de nombreux fabricants américains.

La connaissance exacte de la qualité de la soie est tout aussi importante pour le fabricant que la connaissance du degré d'humidité. Celle-ci est une question de prix, celle-là est à la fois une question de prix et d'utilisation possible de la marchandise.

La qualité de la soie dépend d'un très grand nombre de facteurs: qualité intrinsèque des cocons, tri judicieux de ceux-ci quant à l'uniformité de leur couleur et du titre de leur brin, attention et habileté de la fileuse qui doit veiller à l'uniformité du titre et à la netteté du fil, bonté du matériel de filature, etc... Or, sous tous ces rapports la soie japonaise laisse encore beaucoup à désirer: trop souvent, les cocons de diverses saisons ou provenant de localités différentes sont filés ensemble, la fileuse n'est point surveillée ou inexperte, la croisure est trop courte, les guindres tournent trop rapidement et des flottes de titres différents sont réunies en un même lot. Autre inconvénient: la qualité commerciale, qui dépend du plus ou moins grand nombre d'imperfections, est encore indiquée pour la soie par des dénominations, conventionnelles (au Japon par: Grand Double Extra, Double Extra, Extra, Best N° 1 Extra, Best N° 1, N° 1, N° 1½) données d'après des critères subjectifs et sans limites précises entr'elles, car l'appréciation varie d'un inspecteur de la soie à l'autre. Les marques de fabrique des filateurs (original chops) n'assurent même pas, le plus souvent, la continuité de la qualité, qui varie, au contraire, avec les saisons et même avec les lots; les marques changent d'ailleurs fréquemment et sont trop nombreuses. Les exportateurs essaient parfois de remédier à l'incertitude en inspectant les soies et en leur donnant eux-mêmes une marque (private chops), mais celles-ci n'ont point donné entière satisfaction.

Les fabricants de soieries doivent se résigner à acheter leur soie au petit bonheur. Quelques-uns d'entr'eux, pour remédier à l'incertitude, ont installé de véritables laboratoires où ils essaient chaque balle de soie, avant de la mettre en opération, et ont créé pour leurs besoins une véritable classification privée[1]). De gros efforts sont tentés depuis plusieurs années par les fabricants américains pour obtenir une classification internationale, reposant sur des essais mécaniques de la soie, classification dont le besoin se fait ressentir particulièrement pour les soies japonaises dont la qualité est plus variable et moins sûre que celle des soies européennes et des meilleures soies de Chine[2]).

La question semble aujourd'hui se rapprocher d'une solution: En 1918, un laboratoire d'essai sur les propriétés physiques et chimiques de la soie (The Imperial Silk Experiment Station) a été ouvert à Yokohama, pour déterminer les usages auxquels une soie était le mieux appropriée. Le problème de la classification reçoit toute l'attention du directeur de la Condition des

---

[1]) C'est ainsi que le grand établissement « Cheney Brothers » à South Manchester, Connecticut, examine la soie avec des appareils spéciaux sous les rapports suivants: perte au décreusage; apparence (couleur, lustre, croisure, gommures); dévidage; uniformité; netteté, (déchets, bouchons, mauvais lancés, vrilles, duvets etc. . .); propriétés physiques (élasticité, allongement ténacité), — donnant une note pour chaque propriété; la moyenne de ces nombres donne la classification (renseignements donnés par le Chef du laboratoire de Messieurs Cheney Brothers).

[2]) Cf. « Essays on Raw Silk »; « American Silk Journal » 1917—1921 et « Silk », *passim.*

Soies de Yokohama, Mr. H a g a , qui dirige aussi le laboratoire pré-
cité et, fin 1921, un comité a été nommé pour étudier la question
de la classification (Silk Trading Investigation Committee). Mr.
H a g a exprimait ainsi sa confiance dans les progrès prochains
de la détermination qualitative: « Japan's raw silk industry has
been in the period of expansion in the past, but it is now proce-
ding to the period of readjustment. »

L'incertitude sur les prix.

L'autre désavantage dont souffre le commerce de la soie japonaise, est la spéculation trop intense qui se donne libre cours
à la Bourse des Soies de Yokohama, où sont traitées des opérations à terme [1]).

Les protagonistes de la Bourse mettent en fait qu'elle fournit
un grand marché pour la soie, donne une cote officielle, et qu'elle
permet au filateur de couvrir ses risques par une opération à terme
au moment de l'achat des cocons. Ses adversaires lui opposent au
contraire qu'elle est un élément de perturbation dans le commerce soyeux: la majorité des transactions commerciales ont
lieu, en effet, sans l'entremise de la Bourse, tandis que les opérations de celle-ci sont en général liquidées en espèces et non en
marchandises; les fluctuations du prix dépendront donc bien
souvent de l'aisance du marché de l'argent et de la situation de
la bourse des valeurs, plutôt que de changements dans l'offre et
dans la demande de la soie.

L'Association Séricicole du Japon a reconnu elle-même l'influence dangereuse de la Bourse, dont elle demanda la fermeture
temporaire au moment de la crise du commerce soyeux en 1914,
et l'organisation de la spéculation, en amenant des liquidations
forcées en 1920, est responsable dans une large mesure de la
grande crise de la soie en 1920. Actuellement le champ d'activité
de la Bourse se trouve limité par l'existence d'un Syndicat
appuyé par le gouvernement, destiné à valoriser la soie et à em-
pêcher son prix de tomber au-dessous de certains minima [2]).

---

[1]) Le standard était jusqu'en 1921 la soie Sinshiu N° 1 $^{13}/_{15}$, mais
celle-ci vient d'être remplacée par la soie Kansai N° 1$^{1}/_{2}$, plus abondante
et de meilleure qualité. Les liquidations ont lieu à fin de mois, à deux
mois, trois mois ou même 5 mois.

[2]) Voir *infra*, p. 119.

TROISIÈME PARTIE.

L'avenir de l'industrie de la soie au Japon.

Nous avons étudié jusqu'ici les raisons principales qui ont amené le magnifique essor de l'industrie soyeuse du Japon. Il nous reste maintenant à faire un pas de plus, et à essayer de jeter quelque lumière sur le développement futur de l'industrie. Notre analyse nous a montré que ni la sériciculture ni la filature n'ont encore atteint les limites de leur production : la quantité de feuille de mûrier est encore susceptible d'augmenter assez sensiblement, soit par l'extension des plantations, soit surtout par l'amélioration des méthodes de culture; l'élevage du ver à soie possède encore de grandes disponibilités de main-d'œuvre, puisque un tiers seulement des familles paysannes s'y livrent aujourd'hui, et que la pratique des élevages d'automne peut recevoir encore une plus vaste diffusion; la filature enfin, jouissant d'une abondante main-d'œuvre et d'une abondante matière première est dans la période d'expansion, et de nouvelles sources d'approvisionnement de cocons apparaissent déjà en Corée.

L'extension future de l'industrie dépend donc uniquement de conditions économiques, c'est-à-dire de l'élargissement des débouchés pour les soies japonaises et du rendement comparatif que les prix accordés laisseront à l'industrie soyeuse. Le nombre de facteurs influençant la demande et le rendement comparatif est très élevé et les variations de ces facteurs sont difficiles à prévoir. Nous essaierons cependant dans cette troisième partie de réduire quelque peu le champ de l'inconnu, en examinant les tendances des facteurs les moins incertains. Les deux chapitres suivants correspondent aux deux premières parties de la thèse : dans le premier, nous étudions les tendances de la demande et les possibilités pour les concurrents du Japon d'y satisfaire; dans le deuxième, la situation économique de l'industrie soyeuse japonaise dans sa dynamique actuelle.

CHAPITRE PREMIER.

LES DÉBOUCHÉS FUTURS DE LA SOIE JAPONAISE.

La soie japonaise sera-t-elle aussi activement recherchée dans l'avenir que par le passé? En d'autres termes, la consommation de la soie augmentera-t-elle encore sans que des concurrents vigoureux viennent disputer au Japon les marchés consommateurs?

I. La demande pour la soie.

La consommation de la soie dépendant dans une si forte mesure de la mode et de la prospérité générale, il est assez difficile d'établir des pronostics sur l'évolution future de la demande. Quelques considérations permettent cependant d'affirmer la probabilité d'une augmentation continue de la demande.

La soie est la matière première, d'une des grandes industries de la société occidentale, et ses produits, répandus dans toutes les classes de la société, sont devenus aujourd'hui de consommation courante. Les Etats-Unis et les autres pays américains, en particulier, dont les ressources naturelles sont très abondantes, jouissent d'un niveau moyen de prix très élevé qui leur permet d'acquérir à bon compte les produits soyeux, et la demande ne peut qu'y augmenter encore avec l'accroissement de la population et la plus grande utilisation de la soie dans d'autres branches de la production (électricité, aviation, chirurgie, etc...).

D'autre part la soie naturelle ne paraît pas menacée de si tôt par la soie artificielle: celle-ci, dont on produit à l'heure qu'il est plus de 20 millions de kilogrammes, ne fait encore concurrence à la soie naturelle que dans certains usages spéciaux, et il n'est pas certain qu'elle puisse un jour remplacer complètement la soie de façon satisfaisante.

II. Les concurrents du Japon.

Le volume de la production des concurrents du Japon est pour lui d'une importance tout aussi grande que la demande totale pour la soie. Or, quelle est aujourd'hui la situation de l'industrie soyeuse dans les principaux pays producteurs? L'état stationnaire de la production y est-il dû à des causes permanentes ou seulement temporaires? C'est ce que nous allons maintenant examiner.

A) La production européenne.

La sériciculture, introduite en Europe par des moines persans, en l'an 552 de notre ère, a commencé à s'y développer surtout à partir du XIVe siècle. Jusqu'au XIXe siècle, elle fut seule à fournir toutes les soies demandées par l'industrie des tissus, car l'importation des grèges d'Orient était insignifiante, et elle prit une grande extension au cours du XVIIIe et dans la première moité du XIXe siècle. Vers 1850, la production de la soie s'élevait à environ 7 millions de kilogrammes, mais le développement de l'industrie était trop rapide à ce moment: les races de vers à soie, abâtardies, furent décimées par la pébrine, et la production réduite à environ 2½ millions de kilogrammes, de 1876 à 1880. L'importation de graine japonaise, l'application de la sélection microscopique ont réussi à sauver l'industrie séricicole compromise, et la production a pu augmenter à nouveau à partir de 1880 [1]).

L'industrie soyeuse européenne n'a cependant plus jamais pu reprendre sa vitalité d'antan. Un phénomène économique important s'y est opposé: le déplacement de l'«avantage comparatif» en Europe, au cours de la deuxième moitié du XIXe siècle, déplacement conséutif à l'intensification des échanges internationaux. L'économie mondiale, reposant sur la division du travail entre les continents, s'est constituée, amenant avec elle un regroupement des activités économiques, et l'Europe occidentale est devenue de plus en plus le fournisseur de produits manufacturés qu'elle échange contre des matières premières et des produits alimentaires. Dans ce processus, qui permet une meilleure utilisation des ressources naturelles par la technique, la rémunération du travail humain augmente, et les gages et les salaires s'élèvent par rapport aux biens matériels: c'est ce qu'illustrent, par exemple, les nombres indicateurs du «salaire moyen» de Levasseur [2]), si nous les mettons en regard des nombres indicateurs du prix des marchandises de Sauerbeck [3]) :

---

[1]) Les statistiques récentes de la production ont été données dans l'Introduction.

[2]) Cf. «Annales des Sciences Politiques», v. 23 et v. 24, Paris 1908 et 1909.
Cf. aussi: «Ministère du Travail: Salaire et Coût de l'existence à diverses époques jusqu'en 1910», Paris 1911.

[3]) «Journal of the Royal Statistical Society», London, per.

	Index Levasseur du salaire nominal	Index général de Sauerbeck
1870 . . .	76	—
1873 . . .	—	5010
1880 . . .	92,5	3952
1890 . . .	98	3327
1905 . . .	104	3259

L'avantage comparatif passe donc de plus en plus aux industries exigeant beaucoup de capital fixe; il abandonne par contre les industries de main-dœuvre (spécialement de main-d'œuvre non qualifiée), dont les produits entrent en concurrence avec ceux des pays plus peuplés qui cherchent à exploiter au mieux leur main-d'œuvre, et à remplacer leurs autres activités ruinées par la concurrence de la technique européenne.

La production soyeuse, industrie de main-d'œuvre par excellence, n'a pu manquer de pâtir en Europe de ces transformations, qui l'ont affectée de deux manières différentes: par la concurrence des soies asiatiques et la b a i s s e d e s p r i x de l'article soie, étudiées au chapitre Ier, puis aussi par l ' a u g m e n t a t i o n d e s e x i g e n c e s d e l a m a i n - d ' œ u v r e, dans la sériciculture et dans la filature. Les filles de paysans préfèrent aller s'engager dans les fabriques nouvellement installées dans leurs villages ou migrer vers les villes plutôt que d'élever des vers à soie; les agriculteurs peuvent remplacer le mûrier par des cultures plus rémunératrices: la vigne, les légumes, l'olivier; les fileuses enfin, malgré l'augmentation régulière de leur paye et le raccourcissement de la journée de travail, trouvent leurs salaires insuffisants et voient d'autres industries offrir une rémunération supérieure. Aussi, la production des cocons va-t-elle en diminuant dans presque tous les pays européens et les filatures, qui sont obligées de se disputer la matière première et même d'importer des cocons du Levant et des Indes, font de mauvaises affaires et sont réduites, pour la plupart, à compter sur des bénéfices spéculatifs.

Cette situation, plus grave dans les pays faiblement peuplés comme la F r a n c e, n'a pu être conjurée par des améliorations suffisantes de la technique de production: l'Europe possède depuis longtemps la technique la plus avancée, et les nouvelles augmentations du rendement de la graine, les perfectionnements dans les procédés de filature n'ont pu qu'imparfaitement compenser la baisse des prix de la soie et la hausse du coût de la main-d'œuvre.

Quelques pays, la F r a n c e, l'A u t r i c h e et la H o n g r i e ont voulu alors galvaniser l'industrie soyeuse par une protection gouvernementale, en octroyant des primes à la sériciculture et à la filature. Ces primes, destinées à suppléer à des troits d'entrée sur les cocons et les soies grèges, droits qui seraient importuns aux fabricants de soieries, n'ont pas répondu aux espoirs fondés sur elles: à cause de leur insuffisance, de leur réglementation parfois malheureuse[1]), elles n'ont réussi qu'à retarder péniblement le déclin de l'industrie comme en France, ou à créer une production en somme peu importante, comme en Autriche et en Hongrie.

L'industrie soyeuse de l ' I t a l i e, quoique ne jouissant d'aucune protection directe, a longtemps pu se maintenir plus facilement que ses rivales européennes, par suite de la forte pression de la population et de l'importance des progrès techniques réalisés. Au cours des derniers lustres cependant, sa vitalité se trouve atteinte à son tour: le mûrier, attaqué au début du siècle par un insecte parasite, la Diaspis Pentagona, fait place à d'autres cultures, et la filature, incapable d'accorder des salaires aussi élevés que ceux de l'industrie fortement protégée du coton, voit le nombre de ses bassines en activité diminuer lentement[2]).

En résumé, l'industrie soyeuse européenne, qui possédait autrefois une forte avance technique lui permettant de soutenir la concurrence avec les pays asiatiques, perd peu à peu cette avance[3]), et elle ne pourra se maintenir à l'avenir que dans les régions les plus favorables où le remplacement du mûrier par d'autres cul-

---

[1]) Certains auteurs comme B e a u q u i s, L a v i s s o n, P a y e n, rendent les primes à la filature partiellement responsables du déclin de cette industrie en France, en tant qu'elles retardent les progrès de la technique.

[2])

	nombre de bassines	
1876	64.979	
1903	61.250	
1903—14	63.141	dont 48.136 actives
1916—17	58.414	dont 41.800 actives

(L a n i n o: La nuova Italia industriale, 1916, Vol II et « Informazioni Seriche », 20 agosto 1918.)

[3]) Nous ne pouvons pas passer sous silence les remarquables efforts faits en Italie pour améliorer la culture du mûrier, le grainage et l'organisation du crédit à la sériciculture et à la filature.

tures, et le remplacement de l'élevage du ver à soie par d'autres occupations rencontrent des difficultés particulières [1]).

La dépréciation de la monnaie dans tous les pays producteurs de soie en Europe, depuis la guerre mondiale, dépréciation qui soutient le prix de la soie formé principalement aux Etats-Unis, apporte aujourd'hui une aide temporaire à l'industrie soyeuse dans les pays les plus affectés par la baisse du change. Il est cependant improbable que la production puisse dépasser dans l'avenir les chiffres d'avant-guerre, et le Japon n'a point à craindre une aggravation de la concurrence européenne.

B) La production de la Chine.

La situation de l'industrie soyeuse en Chine est bien différente de la situation européenne. La Chine est, en effet, le pays qui possède les meilleurs avantages naturels pour la production de la soie: son climat, sur de vastes étendues, convient très bien au ver à soie, dont elle est le berceau; d'autre part, comme au Japon, la population y est très nombreuse par rapport aux ressources naturelles exploitées, et la main-d'œuvre est le facteur de la production le plus abondant et le meilleur marché.

Comment expliquer, alors, que les exportations de soie de la Chine soient très inférieures à celles du Japon, pourtant bien moins étendu et moins peuplé? L'étude de la situation économique générale du pays, comme aussi de la situation particulière de l'industrie soyeuse va nous fournir les renseignements désirés.

La situation économique générale.

Dans ses traits généraux, la situation économique de la Chine offre aujourd'hui beaucoup de ressemblances avec la situation du Japon au moment de la Restauration. La Chine est encore un pays très décentralisé, où les moyens modernes de communication font presque complètement défaut, et l'occupation principale de la population est l'agriculture. Le commerce international est très faible par rapport au chiffre de la population, et la production n'a pas pu encore se réadapter complètement d'après les avantages naturels du pays, mais le paysan couvre lui-même la majeure partie de ses besoins. Par suite, le nombre d'occupations domestiques est encore très élevé, et la production soyeuse n'a pas

---

[1]) La petite industrie séricicole du canton du Tessin, paraît se trouver dans ces conditions. Elle est cependant fortement compromise aujourd'hui par l'énorme différence de change entre la Suisse et l'Italie.

pour le paysan une importance aussi grande que pour son collègue japonais: la quantité moyenne de graine incubée est très faible et la production de cocons dépasse rarement 5—10 kgs.; quant à la répétition des élevages, elle n'est pratiquée que dans la province du Kwang-Tung (Canton), où l'on élève des vers polyvoltins jusqu'à 6 et 7 fois en séquence dans la même année. Les Chinois étant eux-mêmes, d'ailleurs, de gros consommateurs de soie, ceci explique pourquoi la quantité de grèges disponible à l'exportation est en somme faible.

L'existence d'un grand nombre d'occupations concurrentes, et d'une forte consommation nationale n'est cependant pas une explication suffisante du développement relativement peu important pris par la sériciculture. La dépréciation du métal argent, vers la fin du siècle dernier, qui a affecté dans une faible mesure seulement le niveau intérieur des prix chinois, alors qu'elle s'est reflétée au contraire dans le prix de la soie, n'a-t-elle pas fait de la sériciculture l'une des occupations les plus lucratives, tentante pour l'éleveur même qui est le moins habitué à calculer? L'augmentation de la production n'aurait-elle pas dû être plus forte qu'elle ne l'a été en réalité[1])? Nous allons voir que la situation défavorable de la sériciculture aussi bien que de la filature ont causé cet état de choses.

La sériciculture, qui est pratiquée dans de nombreuses provinces, est partout encore dans un état très arriéré, et les méthodes d'élevage du ver à soie sont généralement mauvaises, malgré le souci d'appliquer consciencieusement les préceptes de la sagesse populaire, qui ont parfois uniquement un fondement superstitieux. Les locaux d'élevage ne sont souvent pas chauffés, la propreté observée n'est pas suffisante et l'usage des désinfectants inconnu. Quant au grainage spécialisé, il est encore inexistant, mais chaque éducateur produit de la graine lui-même. Aussi, les maladies ne peuvent être évitées et la pébrine surtout sévit avec une grande intensité. L'augmentation de la demande des cocons, due à la baisse du change et à l'installation de filatures modernes dans les ports de Shanghai et de Canton, a aggravé encore le mal, poussant les éducateurs à trop forcer la pro-

La situation de
la sériciculture.

[1]) Exportation de soies de la Chine, en 1000 kgs.

	provenance Shanghai	provenance Canton
1886—90	2.757	1.277
1896—00	4.508	2.021
1915—19	5.092	2.315

duction, et des expériences récentes ont montré qu'environ 90 %
des papillons étaient atteints de pébrine. La mortalité des vers est
effrayante, le rendement de l'once de graine n'atteint qu'une
quinzaine de kilos de cocons frais en moyenne, et le rapport de
l'élevage ne peut être que très faible avec un pareil gaspillage de
feuille et de travail.

La culture du mûrier est pratiquée également avec des méthodes désuètes: les arbres sont souvent mal soignés, ravagés
par un gros ver parasite et, malgré la luxuriance de la végétation
chinoise, ils ne produisent que peu de feuilles. Dans les années
où la mortalité des vers est moins élevée qu'à l'ordinaire, la quantité de graine incubée se trouve trop forte, et la feuille vient
à manquer.

Ainsi, étant donné le faible rendement de la production, le
sériciculteur chinois, qui devrait avoir un profit spécial par le fait
que le niveau moyen des prix est plus bas en Chine qu'au
Japon, est bien moins récompensé pour ses efforts que l'éleveur
japonais, et il l'est d'autant moins que la qualité des cocons est
souvent mauvaise, le pourcentage des douppions élevé, et que
la vente est mal organisée: les moyens de transport sont encore
tout à fait inadéquats, même dans les provinces du littoral, et les
filateurs doivent former de coûteuses expéditions vers l'intérieur
pour se procurer les cocons dont ils ont besoin [1]), diminuant
d'autant les prix offerts aux sériciculteurs [2]).

L'insuffisante diffusion des méthodes scientifiques et le faible
développement économique du pays, sont donc les obstacles principaux à l'extension de la sériciculture en Chine.

---

[1]) Cf. la très bonne description de l'organisation de l'achat des cocons à l'intérieur, donnée dans les « Informazioni Seriche » du 20 giugno 1916.

[2]) D'après les renseignements fournis par Mr. D r e y s s é, ancien
Inspecteur des Soies en Chine, le prix moyen des cocons frais dans l'intérieur, était seulement de 49 dollars mexicains le picul avant la guerre,
soit 1,80 fr. par kg.; le prix de la feuille de mûrier, par contre, était
assez élevé: 1,50 à 1,75 dollars mexicains le picul, soit 5,50 à 6,40 frs.
le quintal.

A titre de comparaison nous indiquons les prix moyens d'avant-guerre
dans quelques autres pays séricicoles.

		Prix du kg. de cocons frais	Prix du quintal de feuille de mûrier
Italie . . .	Lire	2.80 à 3.50	5.— à 15.—
France . .	Frs.	3.— à 3.50	6.—
Japon . . .	Frs.	2.75 à 3.15	7.— à 13.—

La transformation des méthodes de filature est loin d'être accomplie en Chine, et les 57 % seulement des grèges exportées en 1915 avaient été livrées par des filatures à l'européenne[1]). L'installation d'établissements modernes dans l'intérieur du pays, rencontre en effet de très grandes difficultés[2]); d'autre part l'insuffisance de la production des cocons dans les provinces voisines de Shanghai et de Canton est un gros obstacle au développement de la filature dans ces ports, et y crée même une situation paradoxale pour la Chine: la mauvaise posture de la plupart des filatures.

A Shanghai par exemple, où les premiers établissements, fondés par de puissantes sociétés européennes, réalisèrent au début de beaux bénéfices, la multiplication des filatures[3]) a eu pour résultat de faire renchérir les cocons de façon indue, et d'obliger les filateurs, comme en Europe, à compter surtout sur des bénéfices spéculatifs. Les brusques variations du change chinois sont d'ailleurs un obstacle à une saine politique commerciale, et beaucoup de sociétés de filature se constituent pour un temps seulement, avec un capital insuffisant, louant un établissement pour une ou deux saisons. Cette séparation de la propriété et de l'exploitation, qui est devenue courante à Shanghai, n'est pas sans conséquences défavorables: elle nuit au renouvellement du matériel, et elle diminue le crédit des filateurs. Avant la guerre mondiale, les prêteurs chinois demandaient en moyenne 10 à 12 % pour leurs avances, et le loyer du capital a même monté jusqu'à 27 % en 1919. Quant aux banques européennes, dont les conditions sont moins onéreuses (7 %, en moyenne, avant la guerre) elles

---

[1]) Sortes de grège exportées de Chine en 1915, non compris la soie tussah:

Grèges ordinaires . .	19.925	piculs
— Re Reeled . .	26.029	»
— Filature	63.039	»
	108.993	piculs.

(« Informazioni Seriche » 5 ottobre 1918)

Sortes de grèges exportées de Shanghai en 1919—20, non compris la soie tussah:

Soies natives	40.584	piculs
— filature	36.127	»
	76.711	piculs.

[2]) La province de Sze Tchuen, dans l'intérieur, où le développement économique est plus avancé, fait seule exception.

[3]) En 1915, il y avait à Shanghai 77 filatures à l'européenne avec 20 604 bassines.

La situation de la filature.

exigent des garanties spéciales que le filateur n'est bien souvent pas en mesure de fournir.

A Canton, la situation financière des filateurs est quelque peu meilleure, mais ici aussi, à cause de la concentration de 180 filatures occupant 72.000 ouvrières dans un rayon de seulement 40 milles, le manque de cocons se fait durement sentir [1].

La croissance de la filature moderne, qui signifierait une meilleure adaptation des soies de Chine aux marchés occidentaux, dépend donc aujourd'hui de l'augmentation de la production séricicole ainsi que des progrès économiques du pays qui permettront le filage à l'européenne dans l'intérieur du pays.

Le gouvernement chinois s'est jusqu'à nos jours montré incapable de venir en aide à l'industrie soyeuse, et d'accomplir fût-ce une petite partie de ce qu'avait fait au Japon le gouvernement du Mikado [2]. Par contre, l'initiative privée a essayé de s'attaquer à la réforme de quelques-uns des maux dont souffre la production soyeuse: mais son action ne peut être que fragmentaire, tant qu'elle n'est pas appuyée par une forte autorité centrale. Les résultats déjà obtenus méritent cependant d'être signalés.

Plusieurs excellentes é c o l e s, organisées généralement sur le modèle japonais, se sont ouvertes en Chine pour répandre l'instruction séricicole: toutes ont malheureusement le défaut de donner un enseignement trop théorique et trop étendu; leurs élèves deviennent presque toujours des fonctionnaires et non des praticiens, et la sériciculture n'en tire aucun profit.

Le travail commencé tout récemment dans les universités sinoaméricaines de Nanking et de Canton (la University of Nanking et le Canton Christian College) est cependant plein de promesses. Il se propose un but pratique: la recherche et l'obtention des espèces de vers à soie et de mûriers les mieux adaptées au climat, et la vente aux sériciculteurs de ces espèces améliorées.

L'activité de ces deux Universités fait partie d'un vaste programme d'action, élaboré par le «C o m i t é I n t e r n a t i o n a l p o u r l' A m é l i o r a t i o n d e l a S é r i c i c u l t u r e e n C h i n e». Ce Comité, fondé en 1917 à Shanghai, par les efforts de la «Foreign Silk Association», la «Gilde chinoise des Filateurs et

---

[1] Cf. «Women's Wear» de New-York 14th January 1918 et L. Duran «Raw Silk», pag. 121 ss.

[2] Le gouvernement chinois, bien au contraire, frappe la soie d'un droit de sortie de 10 taels par picul.

Marchands de Cocons » et la « Chambre de Commerce française »,
et organisé sur le même modèle à Canton en 1918, se donne pour
but l'augmentation de la production soyeuse en Chine, et il s'est
attaqué immédiatement au mal le plus grave, la pébrine, en
entreprenant lui-même le grainage scientifique, dont il s'efforce de
favoriser le développement par son exemple. Le travail, dirigé
par un savant expert français, Mr. V i e i l, commence déjà à porter
des fruits, et quelques établissements de grainage fonctionnent
depuis peu, distribuant de la graine sélectionnée. En même temps,
l'extension de la culture du mûrier est encouragée, et une vive
propagande est menée pour recommander un changement dans
les méthodes.

Les progrès seront lents, dans un pays aussi vaste et aussi attaché à la tradition que la Chine, mais il est cependant permis
d'espérer un relèvement progressif des chiffres de la production,
relèvement qui peut devenir rapide par la suite, grâce à l'augmentation, ainsi amenée, du rendement net de la sériciculture.

L'initiative privée s'est encore exercée dans plusieurs autres
domaines. C'est ainsi que la « American Silk Association » a
réussi à obtenir dès 1918 une amélioration sensible des m é -
t h o d e s d e r é g l a g e (mise en flottes) de la filature chinoise,
ceci grâce à l'habile propagande, faite par la parole et le ciné-
matographe, du distingué directeur de la Condition des Soies de
New-York, Mr. D. D o u t y. Une partie importante des soies « filature » de Shanghai et des soies de Canton (« Canton New Style »)
a été ainsi adaptée aux besoins spéciaux des Etats-Unis, où elles
ont trouvé immédiatement de plus vastes débouchés.

En 1921, une C o n d i t i o n d e s S o i e s S i n o - A m é r i -
c a i n e a été fondée à Shanghai par Mr. Douty, et l'on en attend
un resserrement encore plus étroit des relations entre la Chine
et les Etats-Unis. L'érection de grands entrepôts pour la soie est
aussi en projet, et elle facilitera aux filateurs et aux négociants
l'obtention du crédit auprès des banques européennes, japonaises
et américaines.

Quant au développement économique du pays, par une organisation adéquate du transport et une meilleure politique financière,
la Chine ne possède pas encore en elle-même les énergies nécessaires pour le réaliser. Les pays étrangers convoitent chacun leur
part dans l'œuvre de construction à venir, et l'immixtion étrangère
peut avoir de grandes conséquences pour l'avenir économique du

pays. Les progrès remarquables de l'industrie de la soie tussah en Mandchourie depuis l'occupation japonaise, fournissent le meilleur exemple de ce que peut accomplir la bonne organisation [1]).

La Chine est destinée à devenir avec le temps le principal pays exportateur de soies, mais la rapidité possible de la transformation est encore un mystère et l'on ne peut compter avec certitude, pour la décade prochaine, que sur une augmentation lente de la production due aux efforts du Comité International dont nous avons étudié le programme.

Les Japonais s'intéressent très vivement aux progrès de la filature chinoise, et ils s'efforcent déjà d'éviter sa concurrence, en gagnant peu à peu le contrôle du marché chinois par leurs participations dans les filatures, par leurs offres de crédit, et par l'établissement de leurs maisons de commerce en Chine.

C) Les autres pays producteurs.

Nous ne dirons que quelques mots des autres pays producteurs de soie grège; ces pays, en effet, ainsi que nous allons le voir ne sont pas susceptibles d'exercer, dans un avenir rapproché, une influence sensible dans la formation des prix, et de disputer au Japon ses débouchés.

Les pays du Levant (pays des Balkans et Asie Mineure) avaient, avant la guerre mondiale, une certaine importance au point de vue séricicole, tant par leur production de soie grège que par leurs exportations de cocons destinés à alimenter les filatures de France et d'Italie. Le climat y est favorable, et les exigences de la main-d'œuvre sont peu élevées, mais il manque une bonne organisation entre les différents producteurs, et une connaissance suffisante des meilleures méthodes de production qui pourraient améliorer le rendement net actuel, plutôt bas, de la sériciculture. Les guerres fréquentes des dernières années ont réduit les éducations et fait négliger la culture du mûrier; avec le retour à des conditions normales, la production de ces pays peut s'élever à nouveau, mais la décentralisation restera encore longtemps le plus grand obstacle à l'extension de l'industrie.

---

[1]) Avec l'augmentation de la production de cocons, la filature a pu se développer notablement à Antung. En 1910, il n'y avait dans ce port qu'un établissement avec 280 ouvriers; il y en avait 63 en 1919, avec 12 500 ouvriers. (D'un graphique de l'Union des Filateurs de Antung à l'Exposition Internationale de la Soie à New-York, en 1921.)

L'Inde anglaise, où la sériciculture était autrefois importante, doit importer actuellement plus de soie qu'elle n'en exporte. La maladie des vers à soie, qui n'a pas permis à l'élevage de rester suffisament rémunérateur en concurrence avec d'autres cultures industrielles, est la cause principale de la décadence de la sériciculture. La production est possible en de nombreuses régions et jouirait d'un coût peu élevé de la main-d'œuvre. Depuis une vingtaine d'années les efforts se multiplient pour ranimer la sériciculture, et ils ont déjà porté des fruits, en particulier dans le Kashmir et dans le Mysore: la production augmentera sans doute dans l'avenir mais pas suffisamment pour pouvoir exercer une influence sur les marchés occidentaux.

Quant à l'Indo-Chine, elle produit une soie analogue à celle de Kwang-Tung (Canton). Les régions productrices ont un régime économique analogue à celui de la Chine, et le gouvernement français s'efforce d'encourager l'industrie soyeuse par des primes. La production est appelée à prendre de l'extension, mais la consommation indigène, très forte, laissera sans doute de faibles disponibilités seulement pour l'exportation.

III. Conclusion du chapitre I.

De toutes les considérations précédentes, il nous parait légitime de conclure qu'une surproduction prochaine de la soie est peu à redouter. Les symptômes d'une surproduction peuvent, il est vrai, se montrer parfois, quand le prix s'abaisse soudain, et que par la suite la demande des fabricants se contracte beaucoup; mais dans l'ensemble, l'élasticité de la demande générale pour les produits soyeux est en voie d'augmentation, tandis que l'offre des concurrents du Japon est incapable de se modifier rapidement, et ce dernier trouvera sans doute, pendant de nombreuses années encore, des débouchés faciles pour sa production.

CHAPITRE II.

LA SITUATION ÉCONOMIQUE SPÉCIALE DE L'INDUSTRIE SOYEUSE DU JAPON.

L'industrie soyeuse du Japon continuera-t-elle à avoir dans l'avenir un rendement satisfaisant, capable de faire augmenter encore la production? Ou bien la hausse régulière des prix de la feuille de mûrier, de la main-d'œuvre et des autres facteurs de la production ne risque-t-elle pas plutôt de réduire peu à peu les bénéfices de la sériciculture et de la filature, et de rendre ainsi d'autres occupations plus attrayantes?

Nous allons nous attacher à démontrer

1° que le Japon, s'il n'a pas le pouvoir, malgré son influence prépondérante sur le marché de la soie, d'imposer des prix déterminés et de prévenir des baisses importantes, peut néanmoins aujourd'hui, mieux qu'autrefois, utiliser sa situation de semi-monopole pour soutenir les cours en temps de crise, et réduire ainsi les pertes.

2° que, d'autre part, l'avantage comparatif de la soie au Japon, assure à la longue une rémunération satisfaisante à l'industrie.

L'inélasticité de l'offre de la soie va en diminuant. Un fait est caractéristique de la production soyeuse: le grand manque d'élasticité de l'offre en face des variations de la demande, qui provient à la fois du caractère agricole de la sériciculture, liée à la production de feuilles de mûrier, et de son caractère d'industrie d'appoint, pour laquelle la hauteur de la rémunération est somme toute accessoire. En temps de baisse soudaine du prix de la soie, les sériciculteurs du monde entier continuent à élever sensiblement la même quantité de vers à soie pour utiliser leur feuille de mûrier, et la diminution de la production, s'il en advient une[1]) est insuffisante pour rétablir l'équilibre rompu par la demande.

Le Japon commence cependant à avoir plus de contrôle sur sa production, comme conséquence de l'intensification des méthodes de production dans la sériciculture et de la meilleure organisation de l'industrie et du commerce, soutenus par l'Etat. L'abondant usage d'engrais qu'exige aujourd'hui la culture du mûrier, rend

---

[1]) Ce n'est pas toujours le cas, puisqu'en 1908 et en 1915 la production a même encore augmenté au Japon, après la baisse du prix de la soie.

en effet possible une réduction de la quantité de vers élevés, sans gaspillage aucun de feuilles, par une simple diminution de la fumaison des arbres, ceci particulièrement en vue des seconds élevages, et la réduction des éducations, si elle est générale au Japon, peut avoir sur la production totale une influence assez considérable pour redonner aux prix une certaine fermeté. En 1920, par exemple, année de forte baisse du prix de la soie, la production de cocons a pu diminuer de 1/7 sur l'année précédente, n'atteignant plus que le chiffre de 6.096.000 kokus contre 7.222.000 kokus en 1919, non pas par suite d'une mauvaise réussite de la récolte, mais par suite d'une réduction de la quantité de graine mise à incubation, notable surtout pour les élevages d'automne.

Quantité de graine mise à incubation par ménage de sériciculteurs [1]

	en cartons:		
	Printemps	Eté	Automne
1919	1,68	1,17	1,83
1920	1,61	1,12	1,66

D'autre part, l'organisation dans l'industrie et dans le commerce parvient aujourd'hui à réduire artificiellement la quantité des grèges offertes sur le marché:

1° par le refus des négociants commissionnaires de Yokohama de faire des avances aux filateurs sur leurs envois en consignation, refus qui met les filateurs dans l'impossibilité de retirer les cocons entreposés et de continuer leur production [2];

2° par les engagements réciproques des filateurs de réduire leur production en prolongeant la période de chômage pendant les mois d'hiver [3];

3° par une autre méthode enfin, la valorisation de la soie, tentée avec succès par le Japon en 1915 et 1920, grâce à l'appui financier du gouvernement.

La valorisation, en particulier, a réussi, par l'importance des sommes engagées [4] à exercer une influence favorable sur le

[1] « Informazioni Seriche », 5 ottobre 1921.

[2] Cf. « Informazioni Seriche », 31 marzo 1915, pour 1915.

[3] Cf. « American Silk Journal » January 1921, la convention entre les filateurs du Kansai et du Sinshiu.

[4] Le premier syndicat, formé en 1915, avait un capital de 7 millions de yen, dont 5 millions souscrits par le gouvernement. Les syndicat de 1920 avait un capital propre de 16 millions et une subvention de l'Etat de 50 millions de yen.

ton du marché, bien que les opérations aient été commencées très tard, alors que la baisse suivait déjà son cours depuis de longs mois. Des ventes forcées au-dessous des prix minima fixés n'ont pas toujours pu être évitées, mais la valorisation a cependant réussi à sauver de ruines injustifiées beaucoup de filateurs et de commerçants, et les évènement ont donné raison à l'optimisme de ses initiateurs: le syndicat de valorisation de 1915 a pu être liquidé avec bénéfices, et le syndicat de 1920, qui détenait au mois de mai 1921 40.000 balles en entrepôt, avait déjà pu en écouler la moitié à la fin de l'année, sans exercer une influence déprimante sur le marché.

La diminution artificielle de l'offre est cependant de nature essentiellement temporaire, un simple palliatif impuissant à exercer une influence durable sur les prix de la soie et sur le rapport de l'industrie dont l'avenir nous intéresse. Le rappel des principes généraux qui régissent les variations du niveau intérieur des prix dans les divers pays va nous permettre d'éclairer quelque peu le problème.

Théorie du commerce international. Le niveau des prix dans chaque pays, a toujours pour tendance de s'ajuster, par l'intermédiaire de la quantité des instruments d'échange (monnaie, crédits, etc...) en circulation, de façon à établir l'équilibre dans la balance internationale des payements de ces pays, sans déplacement de métaux précieux[1]). Il est le plus élevé dans les pays qui possèdent d'abondantes ressources naturelles ou une bonne technique d'exploitation (c'est-à-dire où l'effort pour la production est le plus faible), le plus bas dans les pays déshérités, qui doivent compenser leurs désavantages naturels ou sociaux par une infériorité de leur niveau des prix telle, qu'elle leur permette quand même de produire et d'exporter, en payement de leurs achats, un certain nombre de marchandises, celles pour lesquelles elles ont le moindre désavantage à la production, c'est-à-dire un «avantage comparatif» (comparative advantage). Le niveau des prix variera donc dans un pays, en relation étroite avec les changements dans l'intensité de la demande et de l'offre internationales, qui influencent sa balance du commerce, et il variera aussi avec les modifications dans la technique de production de ses industries d'exportation, tous les prix

---

[1]) Cf. Bastable, Theory of International Trade, *passim,* et F. W. Taussig, Principles of Economics, ainsi que «Free Trade, the Tariff and Reciprocity».

se fixant de proche en proche d'après les salaires et les prix que peuvent offrir ces industries.

L'importance de la soie grège et de ses produits au Japon, et particulièrement dans la balance du commerce japonais, où ils constituent en général plus du tiers de la valeur des marchandises exportées [1]) ne peut manquer de donner à l'industrie soyeuse une influence toute particulière dans la fixation du niveau intérieur des prix. L'avantage comparatif de la soie au Japon lui assure à la longue une rémunération satisfaisante.

En effet, la bonne ou la mauvaise marche de l'industrie soyeuse exerce son influence sur la prospérité économique du pays de plusieurs façons:

1o Elle agit sur la politique bancaire et l'abondance des instruments d'échange, à la fois par les modifications qu'elle apporte à l'équilibre de la balance du commerce et au mouvement des métaux précieux, et par son besoin plus ou moins grand de crédit, qui influence l'aisance du marché de l'argent.

2o Elle entraîne avec elle la prospérité ou la crise d'un grand nombre d'industries qui travaillent pour le marché national, non seulement en conséquence des variations dans la politique bancaire, mais par suite aussi de l'importance de l'industrie soyeuse pour les revenus d'une grande partie de la population.

3o La situation économique de l'industrie soyeuse a des répercussions bien plus lointaines encore. Par suite de l'importance de la soie dans la balance du commerce de la Chine, le prix de cet article influence la valeur du métal argent et du change chinois: le prix s'élève-t-il? le change chinois monte, et facilite ainsi les importations de produits japonais; le prix baisse-t-il par contre? le change tombe et les débouchés japonais se restreignent. La situation est analogue pour plusieurs autres industries travaillant pour l'Europe et pour l'Amérique, car le prix de la soie est le baromètre de la prospérité générale en Occident, et le volume des exportations varie avec lui.

La situation économique de toutes les industries japonaises est donc intimement liée à celle de l'industrie soyeuse, et nous pouvons même aller encore plus loin, en nous souvenant ici de la situation précaire de l'ouvrier japonais. La modicité de son

---

[1]) Importance de la soie et de ses produits en % des exportations totales du Japon: 1910 39,1 %; 1913 39,3 %; 1916 29,9 %; 1919 39,4 %.

standard of life, l'absence d'économies et d'une prévoyance so-
crise agissent avant tout sur la consommation des objets de pre-
ciale organisée, ont cette conséquence: que la prospérité ou la
mière nécessité, particulièrement des produits alimentaires dont
les prix s'élèvent ou s'abaissent avec rapidité [1]). En temps de
crise, par exemple, les prix des céréales s'abaissent sans retard,
enlevant au paysan la tentation de remplacer ses mûriers par
d'autres cultures, bien mieux, poussant parfois même à l'extension
des plantations, si la baisse du prix des cocons est moins forte
que la baisse générale [2]).

En résumé, nous pouvons dire que le niveau des prix au Japon
varie d'une façon concomitante avec la prospérité de l'industrie
soyeuse, et qu'il a tendance à s'ajuster automatiquement de manière à lui conserver son avantage comparatif dans la production,
et à lui assurer à la longue un rapport satisfaisant.

Le Japon diversifiant de plus en plus son exportation, d'autres
industries ne risquent-elles pas de se développer au détriment de
l'industrie soyeuse, en influençant à la hausse les prix des services et des autres biens économiques?

Cette éventualité nous paraît encore très éloignée comme phénomène permanent. Le taux de la natalité reste élevé et l'émigration se heurte à de graves difficultés d'ordre politique: l'excès
de la main-d'œuvre sur les ressources naturelles et sur le capital
accumulé ne semble donc pas devoir disparaître dans un avenir
rapproché; les salaires réels ne pourront que bien peu augmenter,
et l'avantage comparatif restera aux industries de main-d'œuvre.
D'autre part, nulle autre grande industrie japonaise ne possède un
avantage supérieur à la soie. La plupart des industries des produits finis se heurtent en Europe et en Amérique à de forts tarifs protecteurs [3]) et sont obligées de prendre sur elles une
bonne partie des droits, tandis que la soie grège entre partout en
franchise, en sa qualité de matière première. Elles souffrent par

---

[1]) Un rapprochement entre les nombres indicateurs des prix des
produits alimentaires, spécialement du riz, tels qu'ils sont reproduits dans
l'« Annuaire Financier du Japon » ou dans les « Reports of the Departement of Agriculture and Commerce » et l'histoire des cycles économiques
est très instructif à cet égard.

[2]) C'est ce qui s'est produit en 1908 et en 1915—1916.

[3]) L'industrie des soieries est l'une des plus frappées, et sa croissance, qui pourrait signifier une diminution des quantités de soie grège
disponibles pour l'exportation, se trouve ainsi retardée.

ailleurs de la faible « effectivité » (« effectiveness »[1] = efficience totale, technique et sociale) de la production japonaise, en concurrence avec l'industrie européenne et américaine, infériorité dûe
principalement à la pauvreté du pays en matières premières et
à la moindre efficience de l'ouvrier japonais [2]). Les prix doivent
donc rester bas pour permettre l'exportation, et, s'il est vrai que
l'« effectivité » de la production japonaise est en voie d'augmentation, ces progrès sont en bonne partie absorbés par la lutte économique internationale, et l'industrie de la soie elle-même est bien
loin de rester en retard.

En conclusion: ni de l'extérieur ni de l'intérieur l'industrie
soyeuse japonaise n'apparait menacée dans sa vitalité, et, avec
le retour de conditions économiques plus normales, il ne paraît
point téméraire de prédire de nouvelles augmentations de la production.

Cambridge (Mass.), Zürich et Milan, 1921.

---

[1]) Le terme est de F. W. Taussig, « Free Trade, the Tariff
and Reciprocity », 1920, p. 63.
[2]) Cf. Heber: Japanische Industriearbeit, *passim* et le «Times Supplement» d'Avril 1921. Dans l'industrie du coton par exemple, l'efficience de
l'ouvrir japonais est évaluée à seulement la moitié de celle de l'ouvrier
européen.